CECI TUERA CELA....

OU

LA RÉPUBLIQUE DÉMOCRATIQUE ET SOCIALE

Devant la Cour d'Assises de la Dordogne,

PAR

Bernis Reynaud-Lescure,

Cet animal est très-méchant :
Quand on l'attaque, il se défend.

LA HARPE.

Un exemplaire : 50 centimes.

CETTE BROCHURE NE SE VEND PAS AU PROFIT DE L'AUTEUR.

S'ADRESSER, POUR LES DEMANDES :

Au Bureau du *Républicain de la Dordogne*, à Périgueux.

1849.

1850

CETTE BROCHURE

Ne se vend pas au profit de l'Auteur.

A PÉRIGUEUX,

CHEZ LAVERTUJON, IMPRIMEUR, PLACE DAUMESNIL, N.° 7,

A MES AMIS EN PRISON.

Amis ,

Vous êtes en prison, et on ôte à vos frères *libres* jusqu'à la satisfaction d'entrer dans votre cachot pour vous serrer la main !

Que ces lignes donc, si on les laisse passer, aillent vous dire que je pense à vous !

Je vous dédie ce livre.

Vous n'y trouverez pas la science du philosophe ; mais vous y rencontrerez *la foi du démocrate*.

Ce jour, c'est ma seule ambition. C'est pour vous, je le sais, le gage le plus cher.

Espoir et courage, amis , l'avenir est à nous !

De près ou de loin, vainqueurs ou vaincus, nos cœurs sauront toujours s'entendre, et nos âmes se réunir, pour murmurer, dans un commun enthousiasme, ce cri sublime de l'avenir : VIVE LA RÉPUBLIQUE UNIVERSELLE !

A vous donc de cœur et d'âme.

BERNIS–REYNAUD–LESCURE.

Septembre 1849.

LETTRE PROVINCIALE

EN TROIS PARTIES.

PREMIÈRE PARTIE. — Aux Procureurs, en général
à celui de Périgueux, en particulier.

DEUXIÈME PARTIE. — Aux Jurés de la Dordogne.

TROISIÈME PARTIE. — Au Peuple.

PREMIÈRE PARTIE.

A Monsieur le Procureur de Monsieur le Président de la République.

§ I.ᵉʳ — *Pourquoi j'écris à M. le Procureur.*

Monsieur le Procureur,

Quand on écrit à un homme *comme il faut*, — que l'on connaît peu, — à un fonctionnaire public surtout, il est convenable de lui dire pourquoi on prend la peine de lui écrire.

Je vous écris,

Parce que vous avez fait condamner Emile Lasserre à dix-huit mois de prison;

Parce que vous avez voulu faire condamner Labarthe;

Parce que vous avez fait condamner Edouard Brossard à six mois de prison et mille francs d'amende;

Parce que vous avez fait condamner Mouline et Boyer à un mois de prison;

Parce que vous avez fait condamner Zacharie Constant à quatre mois de prison et cent francs d'amende;

Parce que vous avez voulu faire condamner Eugène Lagrave;

Parce que vous avez fait condamner Charles Desolme, rédacteur en chef du *Républicain,* à neuf mois de prison et trois mille francs d'amende;

Parce que vous avez fait condamner Alexandre Dufraisse rédacteur-gérant de la *Ruche,* à six mois de prison et trois mille francs d'amende;

Parce que vous avez voulu faire condamner Bernis Reynaud-Lescure, moi-même, votre très modéré serviteur, et les autres.

Je vous écris,

Parce que tous ces persécutés sont socialistes, et parce que, en les attaquant, vous avez attaqué le Socialisme.

Je vous écris,

Parce que la nature des attaques que vous avez portées contre nous, exige une réponse personnelle.

Je vous écris,

Parce que tous, ou presque tous, ont répondu à vos invectives, et parce que, moi seul, j'ai gardé, devant la Cour d'assises, un silence que m'imposait le talent d'un éloquent défenseur et le respect dont je l'entoure.

Je vous écris,

Parce que, dans vos réquisitoires limés et relimés, sentant l'huile et portant la marque du rabot (*ad unguem regalibus addictum, facti,* — comme aurait dit Horace, le sage de Tibur), vous nous avez traités sempiternellement de *démagogues* et d'*anarchistes,* — exactement comme les femmes de Molière répondaient à tout par ce mot si spirituel : *Tarte à la crême, tarte à la crême!*

Je vous écris,

Parce qu'il m'a semblé que ces deux pitoyables

adjectifs (démagogue et anarchiste), changés par vous en arguments vainqueurs, composaient tout votre bagage d'érudition socialiste, et parce qu'alors j'ai cru que votre faiblesse était déplorable à l'endroit d'une science nouvelle que vous êtes chargé de démolir, d'anéantir tous les jours par des discussions en règle, c'est-à-dire par-devant la justice, en présence d'accusés, sur votre chaise d'accusateur.

Je vous écris,

Parce que, en m'adressant à vous, je m'adresse aux vôtres, et parce qu'il est temps de se donner des raisons, au lieu de se dire des injures.

Rouges et *blancs*, par le temps qui court, ne s'écoutent guère. On va aujourd'hui au combat sans s'inquiéter des forces de l'ennemi, et maint don Quichotte, ferraillant à tant par jour, arrive au terme de son labeur sans même savoir s'il a donné sur des moulins à vent; on s'insulte, et tout est dit : au diable les conséquences. — Cela est déplorable. Je n'ignore pas que les républicains, les démocrates, les socialistes, les *rouges* (comme on dit), ont de bonnes raisons pour ne pas s'inquiéter de l'effectif scientifique, économique, politique, etc., de leurs adversaires.

Mais les autres ont-ils, pour eux, des raisons analogues? Ils le disent, mais peuvent-ils le croire? et s'ils le croient, ne faut-il pas détruire leur erreur? — Si les *rouges* se trompent, faites-en autant pour les *rouges* : détruisez aussi leur erreur.

Habitués qu'ils sont, par deux ou trois carrés de papier, déversoirs impudiques de la colère réactionnaire du crû périgourdin, à proportionner leur horreur socialophobe à la tiédeur de l'eau qui sort du robinet de ces boutiques *blanches*, — les *blancs* de ce pays, béotiens français, croient avoir tout dit, tout prouvé contre nous, lorsqu'ils nous gratifient niaisement du titre de destructeurs de la propriété, de la famille, de la religion. Il faut que tout cela finisse; argument pour argument, Messieurs; raisonnez comme nous, n'insultez plus personne. Je commence; quelqu'un, sans doute, me répondra.............

— à moins que les têtes chauves, les crânes éburnés, les gentilshommes cassés, les barons joufflus ou ridés, et généralement toute l'estimable cohorte des écrivains de la réaction, — n'éprouvent quelque scrupule à commettre leur caduque intelligence, leur vieil honneur et leur dignité sans tache, dans une réponse à un homme de cœur.

Je vous écris, enfin, Monsieur le Procureur (ne voulant plus chercher d'autres motifs), parce qu'il me convient de vous écrire.

§ II. — *Jeunesse et Socialisme.*

Or donc, Monsieur, persuadez-vous bien que j'ai pour vous juste la considération que je dois avoir, et s'il vous plaît, écoutez-moi :

Vous m'avez largement attaqué le 26 août 1849 ; c'était fête ce jour-là, les jours précédents et les jours qui suivirent, pour vos amis et pour vous. Il m'est défendu, de par la loi et de par ma conscience, d'user, envers vous, de représailles trop faciles.

Aussi bien, soyez sans inquiétude : Si vous n'écoutez que la sévérité stricte de vos fonctions, il n'y aura pas ici de saisie à faire, pas de procès en perspective, pas d'amende à payer. Je serai aussi calme que le permet mon caractère, aussi digne que le veulent mes sentiments démocratiques.

Vous m'avez donc largement attaqué :

Outre que le corps du délit qui m'était imputé, consistait en un ou deux articles de socialisme pur, insérés dans un journal ami, feuille purement socialiste, qui supporte, par son passé, plus particulièrement que tout autre, les haines féroces du royalisme; — outre, dis-je, que j'étais, à vos yeux, le plus coupable de tous peut-être, j'étais aussi, Monsieur, le plus jeune de vos justiciables. — Et le cas était pendable.

Honte et malheur sur moi! Pourquoi la Providence ne m'a-t-elle fait naître qu'en 1826?

Hélas! oui, 23 ans! C'est vous, Monsieur, qui avez dévoilé mon âge.

23 ans! je le sais, c'était là un crime irrémissible;

Cela vous donnait le droit de m'accuser d'*ignorance;* et vous prouviez, par là, que vous étiez un savant homme.

Cela vous donnait le droit de trouver mon style *échevelé, romantique;* mes expressions *ébouriffantes et grossières.*

Cela vous donnait le droit de m'invectiver tout à votre aise; et plus l'invective était forte, plus vous donniez la preuve de l'urbanité de votre langage.

23 ans! En vous adressant à mon âge, l'ironie devenait gracieuse; la colère se traduisait en indulgence, et le réquisitoire devenait un pastiche poudré, botté, pimponné, prétentieux et railleur, comme le discours d'un seigneur de Louis XV sermonnant Gentil-Bernard.

(Lecteur, imaginez-vous que Monsieur que voilà, Monsieur à qui je m'adresse, tout en écrivant pour vous comme pour lui, — M. le procureur, enfin, ne m'a pas traité de chien à chat; — non, mais de chat repu à souris maigre; il me croquait haut la dent : c'était Coquet!!)

Ah! Monsieur le Procureur, comme on a dû vous trouver charmant! — comme on a dû me trouver.... le contraire!

23 ans! je le répète, c'est un crime abominable que les hommes n'ont pas habitude de pardonner aisément. Tout autres sont les conditions qu'ils veulent pour accorder leur estime; cœur, dévoûment, travail, rien n'y fait; il en faut prendre son parti, et volontiers je conseille aux jeunes hommes à venir, de se mettre à la recherche d'une fontaine bénie, qui puisse faire concurrence inverse à la fontaine de Jouvence......

23 ans!! et socialiste!! — Quel forfait! Aussi, Monsieur, vous vous en êtes donné à cœur-joie; vous avez fait, je gage, des gorges-chaudes; votre verve était ronde comme un ventre plein; sublime était votre dédain. Vous m'avez anéanti. Aujourd'hui seulement, j'ai la force de reparaître et de hasarder timidement une bien timide réponse. — Cela ne doit-il pas vous rendre fier, Monsieur, de faire ainsi peur aux enfants?

Mais j'oublie que je ne dois pas ainsi parler.....; faisons trève, si vous le voulez, à ces inutiles badinages. Gardez pour vous votre ironie superbe. Pour moi, mal favorisé, devant la Cour d'Assises, par l'âge impatient à venir, je tiens à prendre ici ma revanche, et à parler sérieusement. — Pour faire oublier mon âge, j'ai besoin de ne pas trop m'égayer.

Arrivé à ce point de mon épître, j'éprouve un embarras; le voici:

Accusé par vous de jeunesse, accusé de socialisme, je ne sais, pour y répondre, comment il faut faire. Ces deux accusations sont pour moi deux hérissons ennemis qui se roulent et font les morts. Je ne sais, en vérité, vous dis-je, comment il faut les prendre. Mon embarras est grand; perplexe est mon esprit; et c'est vous, Monsieur, qui me faites ces peines ! — Monsieur le Procureur, tous les Procureurs sont-ils donc aussi méchants que vous ?

Je me résigne, puisqu'il le faut, à courir les dangers; j'attaque de front les deux boules inattaquables; tant pis si les blessures viennent......

Id est, Monsieur; je veux dire que *jeunesse* et *socialisme*, je vais tout mêler; loyalement et franchement je vais répondre à tout, sans fard et sans ambiguité. La vérité guindée plaît à certains hommes; la vérité courageuse et nue plaît à d'autres. —Parmi ceux qui me liront, j'espère rencontrer des lecteurs de ce dernier goût.

Sans plus de transition, j'aborde mon sujet.

§ III. — *Jérôme Paturot à la recherche d'une position sociale.*

Vous savez, Monsieur le Procureur, que, au sortir du collège, l'Université, prodigue jusque-là pour l'enfant qu'on lui a confié, — lâche au monde le malheureux, dûment bourré de grec et de latin, — ne s'inquiétant aucunement de savoir si le pauvre hère, sur la nouvelle scène où il est jeté, trouve de quoi fournir son existence, et si, avec la science classique, philosophique, morale et religieuse, qu'on lui a proprement infusée pendant huit ou dix ans, l'âme, comme dirait X. de Maistre, trouve à sustenter la bête.

D'ordinaire, Monsieur, c'est ainsi que cela se passe; et cette époque de la vie d'une génération, dans notre subversive société, n'est pas la moins burlesque, la moins piquante de toutes autres.

Il s'établit, alors, une course au clocher qui fait pitié à voir :

Tous, intelligents ou non, sortant de la boutique universitaire, croient tenir en leurs mains le talisman philosophal. Pauvres qu'ils sont, pour la plupart, ayant alors besoin de s'occuper de vivre, ces jeunes hommes jettent leurs yeux vers le point où se tient le banquet de la vie, — croyant, de prime-saut, attraper leur portion de l'éternel gâteau social. Le banquet, vous le savez, est souvent, pour beaucoup, beaucoup imaginaire; et le gâteau dont je parle est mangé par si peu (hommes rares et privilégiés, ceux-là!), que l'on n'est pas long-temps sans le tenir pour fantastique.

En d'autres termes, Monsieur, le moment arrive bientôt, pour cette pauvre jeunesse (chétive pécore!), où la plupart sont embarrassés de leur fatras de science; où presque tous s'arrêtent, éclopés, sur le bord du chemin, loin de la fortune et des honneurs; et où quelques-uns (*rari nantes.....*) plus heureux, s'en vont, diplômes et parchemins en poche, faisant, dans la vie, l'école buissonnière qu'ils ont faite au collège, attrapant quelques miettes du festin joyeux, se casant un jour à demi, finissant quelquefois par se caser, complets, — mais ne trouvant jamais que la récompense accordée soit égale à la peine prise.

C'est un peu, Monsieur, l'histoire de tout le monde : Toujours mécontent, toujours ennuyé, toujours *Gros-Jean comme devant*, voilà, si je ne me trompe, l'abrégé de la vie de l'homme civilisé.

Si la planète dévoyée où jusqu'à présent cet homme a vécu, est, comme on dit, un cercle, ce cercle me paraît, à moi, bien plus vicieux qu'on ne le pense. Cela est dit sérieusement.

Soumis moi-même, — comme tous ceux que j'eus pour condisciples, fils des hommes comme moi, élèves comme moi de la société; — soumis à ees pérégrinations intellectuelles et morales, cherchant, comme les autres, le fil perdu de mon étoile, j'ai déjà, Monsieur, beaucoup voyagé....

Paturot, comme l'autre, j'ai long-temps cherché ma position sociale; et pas plus que le Paturot du citoyen Reybaud, *cet écrivain bas de poil,* comme dit Montaigne, je n'ai été content de ma trouvaille.

Je vous prends vous-même pour juge.

§ IV. — *Je veux être agriculteur : un vieillard me conseille.*

Je voulus, d'abord, être agriculteur ; les leçons que m'avait données le collège avaient développé en moi le goût des discours de Tite-Live et des monologues de Racine, bien plus que l'envie de remuer la bêche et de prendre la charrue. Cependant, comme j'avais lu dans les pensées de Sully que l'agriculture *est une mamelle de la France,* je m'adressai pour vivre à l'agriculture.

Un vieillard, alors, blanchi dans la pratique, me donna de pernicieux conseils :

Nous sommes, me dit-il, les parias de la société ; c'est nous qui la faisons vivre, et c'est nous qui portons le bât. Un impôt est-il à créer? c'est sur nous qu'on le prend. Une famine arrive-t-elle? c'est nous qui la supportons. Le froid qui gèle, ne nuit qu'à nos semailles; le soleil qui brûle, ne dessèche que nos récoltes. Le vent et la pluie n'inquiètent que nous, et ne préoccupent personne. S'il y a disette, le laboureur donne son blé, et ne mange pas sa faim; s'il y a abondance, les produits s'encombrent, se gâtent et ne se vendent plus. Toujours la misère pour nous; nous n'avons pas même l'espérance du chômage; et le travail opiniâtre de nos bras, que le soleil salue de ses premiers rayons, que les étoiles voient finir, aussi dur, aussi infatigable soit-il, ne nous donne pas plus d'aisance et de bien-être au premier jour de l'année qu'à la saint Sylvestre, le dernier jour.

Nos travailleurs vont au service, restent dans les camps et les villes pour protéger les loisirs de la fortune, et reviennent, après longues années, oublieux de leur premier métier, qu'ils ne reprennent qu'à contre-cœur. — Ce sont, d'ailleurs, pour nous, de pauvres fils perdus : soit regret du passé, soit désespoir pour l'avenir, ils ne reviennent parmi nous que pour nous quitter bientôt ; et les *marchands d'hommes*, ou le gouffre des cités, nous prennent, pour les flétrir, ces plus belles fleurs de nos villages.

Les fleuves et les rivières passent dédaigneusement dans nos campagnes, inondant un jour nos terres, les laissant sécher demain, et s'en vont nonchalamment, sans nous laisser d'autre souvenir, orner les rives des cités, ou rafraîchir leurs plages brûlantes.

Tout nous fuit, tout nous abandonne. Un de nous veut-il emprunter? son honneur et son travail ne sont pas gages suffisants ; il faut son champ, il faut son bœuf ; et quand le jour de l'échéance arrive, les riches et les lois ont si bien travaillé, que le capital a disparu ; la terre n'est plus à lui ; c'est un pauvre de plus à nourrir !

Ainsi nous marchons, le dos courbé, la sueur aux tempes, béchant, creusant, fouillant, cherchant le trésor, qui ne vient pas ; injuriant la misère, qui ne sait pas partir.

Eloignés par les institutions sociales, les ardeurs et les appétits du siècle, qui se portent à d'autres travaux ; éloignés des autres hommes, nos compatriotes ingrats, qui cherchent, dans les hasardeuses spéculations et les lointaines entreprises, la satisfaction de leurs désirs, le comble de leur ambition, —nous végétons ainsi, privés de ressources et de crédit, dans une pauvre aisance des biens de la terre, étrangers à l'or, ne manquant pas de pain, mais sans cesse aiguillonnés par cette besogneuse activité qui ne trouve aucun aliment pour s'éteindre et renaître, brûlant sur notre axe et ne faisant rien de nos cendres....

Mon ami, vous cherchez le bien-être et la fortune? allez ailleurs : ici n'est pas leur route. Les gouvernements et les princes ne favorisent pas l'agriculture ; ils ont fait comme les hommes qui, sûrs de leurs femmes, épouses légitimes, mères dévouées, compagnes toujours tendres malgré l'abandon, s'en vont caresser d'autres maîtresses, brûler des encens passionnés.

Allez ailleurs, mon enfant. Que la main de Dieu vous conduise !

Ainsi me parlait un vieillard respecté. Je crus à ses paroles, et tournai mes regards vers un autre horizon.

§ V. — *Je veux être commerçant : Un épicier m'instruit.*

Je m'adressai au commerce et à l'industrie manufacturière :

Par une fatalité qui m'intrigue encore, je trouvai là aussi un mauvais donneur de conseils.

Un mien parent, que le commerce n'avait ruiné ni fait riche, — doux épicier sans préjugés, à la différence de la plupart de ses intéressants collègues,— ni bien ni mal loti par le sort, retiré de la vie active, à l'abri donc des inconstances de la fortune, — honnête par caractère, indépendant par conviction, — sans haine et sans amour pour la carrière qui l'avait laissé vivre, — jugeant droit, et me voulant du bien,

— un mien parent, dis-je, connaissant ma résolution, me prit un jour par le bras et me fit visiter les détours du sérail, où il s'était tant bien que mal nourri.

Après m'avoir ballotté dans toutes les ailes de son palais, de bas et de haut, sans attendre mes questions, il commença ainsi une catilinaire commerciale :

Le commerce, — mon très-cher et très-honoré cousin, — le commerce, vous le voyez, est une grande prostituée.

Ce début me fit frémir..... Il continua :

Ce palais donne accès à des gens de toute sorte : vieux et jeunes, bons et méchants, riches et pauvres, honnêtes et malhonnêtes, tous viennent y chercher un gîte, y découvrir un pécule; tous y viennent; — mais la vertu y reçoit d'horribles assauts. Quand on sort de ces lambris, si l'on est resté honnête, la pauvreté vous accompagne; si l'on est devenu opulent et riche, on a, mon bon ami, raboté ses vertus. Quelques-uns même, sortant de là, sont devenus, sans le savoir et sans le dire aux autres, des brigandiniers de premier calibre, des estafiers de meilleur acabit, des goujats dorés, des voleurs émérites. — Le commerce, pour parler peu et bien, le commerce, ô cousin naïf! est une triste chose pour l'âme qui ne veut pas se brouiller avec Dieu et avec les préceptes qu'il enseigne !......

— Ce terrible épicier m'étonnait; mais c'était mon parent. Je le laissai toujours dire :

Quand on vous avance une chose, vous aimez peut-être qu'on la prouve. Il y a des gens de cette sorte; j'en ai connu. Je vais donc vous satisfaire en termes clairs et nets, sans amplification et sans figure :

Nous autres commerçants, nous ne voyons, dans la société, que des consommateurs et des producteurs. Nous sommes le trait-d'union entre ces deux genres de bipèdes. Et comme nous ne sommes pas placés là, à l'instar de Saint-Vincent-de-Paule dans son hôpital, pour la gloire, pour l'amour et pour l'honneur, nous achetons au producteur ses denrées le meilleur marché possible, pour les vendre au consommateur le plus cher possible. C'est aussi simple que lucratif.

Tel est notre rôle ; rôle inutile, me direz-vous ! et qu'on pourrait bel et bien supprimer. C'est possible ; mais cela ne ferait nullement notre affaire. Et, au surplus, tant qu'il existe, chacun le joue à sa manière.

Ces parasites donc, que l'on appelle commerçants, spéculant pour leur plus grand bénéfice, achètent les produits, les transforment, les falsifient, rançonnent par-ci, rançonnent par-là, font des déprédations sans nombre, et arrivent à posséder en magasin des marchandises si bien taxées, cotées et emballées, que pour eux le prix de revient est nul ou presque nul.

Arrive alors le consommateur, qui, d'habitude, se trouve être le même producteur qui a déjà livré sa denrée. Lui qui a vendu à un seul et unique acheteur, il se heurte tout d'abord à des légions d'intermédiaires, commissionnaires, marchands en gros, demi-gros, en détail et en sous-détail, entre les mains desquels ont passé les produits, surchargés de retenues et bénéfices dûment réalisés. — Ce qu'il a vendu bon, il l'achète mauvais ; ce qu'il a vendu quelques centimes, il le paie quelques francs, et tout est dit : le commerce marche......

D'un autre côté, la concurrence que se font ces innombrables parasites, ces pullulants improductifs, les incitant chaque jour, à chaque heure, à trouver de nouveaux moyens pour avoir de nouveaux clients

et de nouvelles richesses, ils se lancent dans des spéculations effrontées, dans des falsifications dange-
reuses, dans des agiotages, accaparements, altéra-
tions et déperditions qui amènent promptement les
faillites et les banqueroutes. — Celui qui a de grandes avances use de son crédit, perd aujourd'hui pour
gagner demain, fait le monopole et dicte ses lois ;
il a ses fabriques favorites, sa clientèle choisie, ses
prix d'affection ; il est roi pour un jour, pour une
année ; les autres ferment et se ruinent. Les produits
que les fabriques tenaient prêts en cas de hausse ou
de baisse, par suite du hasard qui préside à l'offre et
à la demande, s'amassent, sont dépréciés. Le fabri-
cant congédie l'ouvrier, et l'ouvrier va chercher ailleurs un travail qu'on ne lui donnera qu'à des conditions inhumaines.....

Voilà un coin du voile soulevé ! Si vous voulez voir
le tableau tout entier, rentrons dans ce palais ; je vous
instruirai sur la matière, plus amplement et plus sû-
rement.

Assez d'horreurs comme cela, répondis-je. Je cherche la paix et la fraternité, et je ne vois chez vous
qu'égoïsme et discorde. Il m'importe peu de connaître les conséquences d'un principe que je sais mauvais en lui-même.

§ VI. — *Je veux être prêtre, moraliste, philosophe,*
savant, littérateur.

J'étais, Monsieur, harassé de ces deux expérien-
ces, fatigué de mes recherches jusque-là infructueu-
ses. Les conseils m'avaient nui. Je songeai résolu-
ment à fouiller dans d'autres carrières, sans vieillard
et sans épicier, — n'ayant pour guides que mon
cœur et mes instincts, qu'avaient policés les travaux

universitaires et les études tronquées que j'avais déjà faites en homme libre.

Je fus quelque temps à réfléchir où je pourrais porter mes pas. — Je n'avais pas jusqu'à ce jour fait assez d'attention à la nature des connaissances qu'on m'avait inculquées, et lorsque je m'aperçus que l'éducation qu'on m'avait donnée me poussait naturellement aux fonctions que la société entoure de son estime et de ses dignités, mon courage revint plus énergique que jamais, mon ambition grandit et mes vues s'élargirent.

J'avais appris le grec et le latin, l'histoire et la théologie... — Je pouvais être PRÊTRE.

On m'avait donné une ou deux idées sur le syllogisme et l'enthymème... — Je pouvais être PHILOSOPHE.

Un savant professeur de chimie, d'algèbre et de physique m'avait appris à évaluer les poids spécifiques des corps, à mettre entre deux ou plusieurs lettres un signe qui leur donnait une certaine valeur. Je savais la nomenclature chimique...—Je pouvais me faire SAVANT, avec l'espoir d'arriver à l'Académie des Sciences avec la croix d'honneur pour dignité,—ou à l'Observatoire, avec un télescope pour passe-temps.

La rhétorique, que l'on m'avait enseignée, avait mis à ma disposition quelques notions sur le beau langage; je savais comment on devient orateur, comme on fabrique un livre... — Je pouvais devenir HOMME DE LETTRES, académicien immortel, — ce que Piron, l'imbécile, avait osé dédaigner.

———

Je me mis à l'œuvre, et voulus être prêtre. J'aurais su dire la messe : cela n'est pas difficile; mais, voulant faire mon métier en conscience, ayant toujours à l'esprit la parole de ce pauvre Pierre Gringoire, qui, voulant être moine, fut arrêté parce qu'il n'était pas assez dévot et parce qu'il buvait mal, — je résolus d'étudier à fond la religion catholique telle qu'aujourd'hui elle se comporte, avant de prendre la calotte et d'endosser la robe noire.

Jugez de ma surprise quand, après maintes recherches, après de laborieuses lectures, voulant coucher sur le papier le résultat de mon travail, je ne trouvai que ces mots à écrire au hasard (1) :

. . . .

. . . .

. . . .

. . . .

(1) Par des motifs qu'il est inutile de faire connaître ici, nous avons été FORCÉ de retrancher la partie de cet écrit qui avait trait aux *choses de l'Eglise*.

Nous le reconnaissons volontiers, la question religieuse est difficile, dangereuse et presque impossible à traiter, par le temps de liberté qui court. Ce qui nous arrive le prouve bien. Nous espérons pouvoir rompre plus tard le silence que nous gardons aujourd'hui.

Il ne faut pas d'ailleurs s'étonner de ces entraves : pour qui observe avec attention, il est aisé de voir que le *vieux monde*, luttant avec *l'avenir*, a son auxiliaire le plus énergique dans la société catholique actuelle. Cela ne serait pas difficile à prouver. D'un côté, le respect qu'a le peuple pour ce qu'il croit être le prêtre du Christ; d'autre part, la consécration donnée par le CATHOLICISME aux abus, aux privilèges, aux prérogatives de toute sorte, font de cette partie de la société (le clergé), l'élément le plus sûr de résistance que le *passé* puisse opposer à *l'avenir*. — Les roués de la coalition du *grand parti de l'ordre* l'ont bien vu ainsi : M. le *vicomte de* Falloux est ministre, M. le *comte de* Montalembert va l'être ; la loi d'amour que l'on nous prépare sur l'instruction publique, remettra, dit-on, les enfants sous la férule des *frères fouetteurs*. — L'*honorable* M. Thiers, le malin diable de *Grandvaux*, va à confesse ; et ce vieux goutteux de *Constitutionnel*, craignant pour le débit de sa pâte pectorale, après avoir broyé, avalé les jésuites, se fait jésuite lui-même et prend le goupillon de Basile.

Allons, vive Dieu ! Béranger, mon ami, en avant la chanson :

« Nous rentrons, songez à vous taire,
» Et que vos enfants suivent nos leçons.
» C'est nous qui fessons, et qui refessons
» Les jolis petits, les jolis garçons. »

Mais si mon cœur s'est glacé dans ces froides églises, vous autres, moralistes, vous autres, philosophes, avez-vous eu des consolations pour mes peines, un baume pour endormir mes douleurs ?

Morale et philosophie, vous n'étiez rien ; vous n'êtes rien encore, car rien, chez vous, n'est changé. — Tes livres, morale douce et pure, ne contiennent que des jongleries oratoires et de stupides sornettes, que l'on ne lit même pas. Voilà pour la théorie ; — et, en fait, on t'a réduite à l'égoïsme : *chacun pour soi, chacun chez soi ;* c'est une base des institutions des hommes... — Que venez-vous, crétins par le cœur, me parler de morale et de moralistes ?

—

Ne me parlez pas, non plus, de philosophie ! — Vous avez été si pauvres, et votre foi dans l'humanité a été si misérable, que vous n'avez pas su trouver le moindre système philosophique. Votre chef en cette matière, celui que vous offrirez sans doute aux générations à venir comme témoignage de grandeur, votre unique philosophe a borné toutes ses inventions à un éclectisme impuissant, à un replâtrage ridicule de tout ce qui s'est fait avant vous dans ce genre. — Je veux parler de ce monsieur Cousin qui a dit au christianisme « qu'il en avait encore pour trois cents années dans le ventre, et qu'en conséquence il lui tirait son chapeau... » — Il voulait sans doute parler du catholicisme ? Arrangez-vous autres, entre vous, comme vous le pourrez.

—

Je pouvais encore être *savant* ou *littérateur...*
Cette dernière planche de salut me manqua. Il fallait être riche pour être *savant ;* on ne gagne pas là sa vie de tous les jours ; et, d'ailleurs, les sciences

étaient l'apanage de quelques privilégiés que l'on honorait médiocrement, afin que le vulgaire ne s'aperçût pas du mérite qu'on avait de posséder la vraie science.

Les savants étaient autant de grands prêtres exilés dans un tombeau sans issue, — et faisant brûler de l'encens aux pieds de la statue d'*Uranie*, à perpétuité, pour la plus grande instruction du peuple, qui n'y voyait rien.

Les portes de ce tabernacle, dont je ne pus deviner l'utilité, me restèrent inexorablement fermées.

—

La littérature ! c'était bien autre chose. Je trouvai là le pendant du commerce; l'un valait l'autre, et tous deux se pouvaient donner la main.

Mais à quoi bon parler de la littérature des dernières années? Est-ce que M. de Bonald ne la pas dit : *La littérature est l'expression de la société!....*

Satisfaits de Louis-Philippe, romanciers *à la ligne*, feuilletonistes *à la vapeur!* le républicain s'éloignait avec dégoût de votre littérature ignorante et banale, et le champ restait ouvert à tous ces marquis pailletés, à tous ces gentilshommes du *Turf*, qui caressaient le jour leur cheval ou leur maîtresse, et qui la nuit, après boire, couchaient leur vile prose sur un papier musqué, nonchalamment assis entre une fille d'opéra et un verre de champagne.

Et vous appeliez cela une littérature! Allons donc! Une chronique scandaleuse sur un coup d'épée bien donné, ou une scène de boudoir bien conduite; — un récit dans une ruelle, ou une dispute au *Jockey-Club*, à la bonne heure! — Mais l'expression de tous les nobles sentiments de l'homme! mais le jeu de tous les ressorts de l'âme et de tous les mobiles du cœur, triomphant des mauvais instincts et des passions mauvaises! mais la vertu écrasant le vice! non, non, votre littérature n'était pas cela; elle ne se flattait même pas de l'être. Votre littérature en était encore aux récits de la Courtille, et votre plus beau roman ne valait pas une gazette du sire de Brantôme.

§ VII. — *Efforts inutiles; larmes et déceptions.*

Malheureux et déçu, Monsieur, voilà quel fut le résultat de toutes mes recherches. Repoussé partout et par tous, ma pauvre intelligence, inculte peut-être et trop jeune assurément, ne pouvait suffire à tout expliquer. Quelque chose comme le délire s'empara de mon être : je crus tous les hommes aussi malheureux que moi; je crus la société aussi mauvaise que ses institutions; je crus à une dégradation progressive; et le mauvais génie qui ouvrait la marche infernale, portait écrits sur son front ces mots du Dante : *Lasciate ogni speranza.*

Je crus voir au haut de l'échelle les grands de la terre trafiquant de leur pouvoir, prévariquant dans leurs fonctions, les belles intelligences se vendant à prix d'or et s'étiolant à plaisir; — au milieu, les hommes du jour, rire de la crédulité des peuples, les jouant et s'en moquant à souhaits; — plus bas, je voyais celui-ci acheter une femme, celui-là vendre une fille, cet autre prostituer cette autre; je les voyais se polluer tous et former ensemble un vaste lupanar, égoût où tous les immondices venaient se mettre à l'aise; — plus bas, bien plus bas, dans le fin fond du gouffre, je voyais la misère, mais la misère sans le vice... Elle pleurait.... Moi aussi, je versais des larmes, et me rappelais ces paroles du prophète :

 « *Babylone! Babylone! la grande prostituée! elle est tombée, la grande Babylone!....* »

C'était un effrayant délire, n'est-ce pas? — Effrayant, oui; mais bien moins insensé que je ne l'avais cru d'abord. Il est certain que nous ressemblons à Babylone bien plus qu'on ne le pense; ma crainte n'est pas folle, mes pleurs ne sont pas stupides.

Cela ne vous émeut pas, vous autres, hommes du vieux monde, *regretteurs du passé?* Ces prédictions vous font rire, sans doute? Eh bien! riez, riez toujours, ô mes doux maîtres! et dans quelques années, si nous vivons encore et *si les réformes ne sont pas venues,* vous me direz qui avait raison, de vous qui riez ou de moi qui pleure...

§ VIII. — *Je deviens socialiste.*

C'est à ce moment de ma triste odyssée que, cherchant toujours malgré les déboires, — et ne pouvant pas être SOLDAT, parce que je n'étais pas assez robuste; BUREAUCRATE, parce que je ne connaissais aucun député; GARDE-CHAMPÊTRE, parce que j'étais trop riche; MÉDECIN, parce que j'étais trop pauvre; ceci, parce que j'avais des vertus; cela, parce que j'avais des vices; — bon pour ce qui était mauvais; mauvais pour ce qui était bon; ne trouvant jamais rien à ma taille; — c'est à ce moment, dis-je, qu'il me prit fantaisie d'étudier les novateurs modernes.

A propos de ces hommes, j'avais bien entendu parler de rêves creux, d'utopies, de chimères; mais puisque je n'avais pas trouvé la vérité là où mes maîtres m'en avaient indiqué l'existence, je pouvais bien espérer de ne rencontrer pas le mensonge là où des mains officieuses m'en avaient écrit le nom.

Je lus Saint-Simon d'abord ; je lus **FOURIER** surtout, et les autres.....

Je vis alors de nouveaux horizons ; le monde se montra à moi ce qu'il était, et, pour la première fois peut-être, je bénis convenablement le Créateur qui m'avait dit enfin sa toute-puissance, sa céleste bonté.

J'avais rampé jusqu'à ce jour dans des cavernes, sans lumières, m'écorchant ventre et genoux. Je respirais enfin, à pleine poitrine, tous les vents que m'apportaient les quatre coins de la terre. Elevé sur un empirée, je voyais le soleil dans tout son resplendissant éclat ; libre de tout bruit humain, j'entendais, avec un saint recueillement, les immenses harmonies de la nature. — Dites, dites, Monsieur, avais-je alors mon banquet à moi ?

Je restai longtemps en extase ; j'admirai, je contemplai, et voici ce que je vis :

—

Tous les hommes vivaient en paix, les partis étaient morts, les sociétés s'étaient réformées.

De Gibraltar aux monts Ourals, de l'Océan glacial à Constantinople ; que dis-je ? sur toute la surface de notre globe, en Afrique comme en Europe, en Asie comme en Amérique, la République était partout : RÉPUBLIQUE UNIVERSELLE !!!

Notre France était heureuse ; tous les Français étaient des frères ; le travail les enrichissait : travail attrayant, puisqu'il n'avait plus la misère pour compagne, la faim pour aiguillon ;

L'agriculture était la base de la fortune nationale : les endiguements, les reboisements, les irrigations, les engrais, tout venait à point à la terre ;

Les millions d'hommes armés, que les gouvernements avaient tenus jusque-là sur un pied de guerre inutile et dispendieux, étaient revenus à des occupations normales et bienfaisantes; les armées de la paix avaient remplacé les armées de la guerre;

La culture et l'industrie collectives avaient remplacé le travail lent et morcelé; dans tous les arts, dans tous les métiers, l'association libre et fraternelle avait remplacé l'individualisme égoïste et cruel;

Les lettres étaient en honneur; les fonctions étaient accordées aux plus dignes et aux plus capables; les sciences, mieux étudiées, étaient devenues pour l'homme un nouvel instrument de bonheur et de progrès;

Chacun vivait du fruit de son labeur, librement, aisément, sans aumône dégradante, sans assistance humiliante;

Le talent seul établissait des distinctions entre les hommes : tous naissaient fils de Dieu; — les enfants étaient élevés sans distinction de fortune ou de classe, dans l'amour de la liberté, du bon, du beau et du juste; ils étaient tous poussés dans leurs carrières, selon leur intelligence et leurs aptitudes, sûrs de trouver plus tard du travail et du pain, des honneurs et de la fortune, en proportion avec les services qu'ils rendraient à leurs concitoyens;

Les vieillards infirmes étaient soignés aux dépens de tous, et voyaient finir leur existence entourés de respect et de sollicitude.

La femme était mise au niveau de l'homme, et la créature de Dieu était alors complète;

Les principes du Christ, basés sur la démocratie, formaient une religion aimante et simple, dépouillée de tous ces vains artifices d'enfer et de purgatoire, de crosses et de mitres, de jeûnes et d'abstinences, de confessions et de célibats, de privations absurdes et de rites inutiles, que l'on a toujours rencontrés jusqu'ici dans la plupart des sectes qui ont peu ou point éclairé le monde ;

Cette religion, qui avait pour principe la souveraineté des peuples, et pour dogmes la liberté, la fraternité, l'égalité, apprenait aux hommes à adorer le Seigneur et à voir le résultat de sa puissance dans les phénomènes de la nature qui contribuaient à leur bonheur ; elle leur enseignait que le meilleur culte à rendre à Dieu est de progresser toujours vers la science, vers la paix, vers la concorde ; elle leur disait encore, que s'il y a un paradis dans le ciel, ce n'est pas une raison pour qu'il n'y en ait pas un sur la terre, et que c'est précisément celui-là qu'il faut chercher, puisqu'aussi bien, l'autre, dit-on, est tout trouvé.......

La commune, c'est-à-dire une agglomération de 15 à 1800 âmes, occupant un espace de terre de 1000 à 1200 hectares, était la base de ce nouvel ordre social, de cette nouvelle humanité ; les communes se reliaient par provinces, les provinces par nations ; les nations se reliaient par globes, les globes eux-mêmes se reliaient entr'eux et formaient ce vaste univers que Dieu seul fait mouvoir. Depuis la première planète jusqu'au dernier roseau d'un coin de terre, tout était en harmonie : la nature, alors, faisait ses éternelles fiançailles avec le soleil, plus belles, plus brillantes que jamais..... et nous allions, par ma foi, tant bien que mal, vers notre fin dernière !

—

Les espions, les mouchards, les sergents-de-ville, les gendarmes, les geôliers, les bourreaux, etc., tout cela était oublié.

Je ne sais pas si les procureurs eux-mêmes n'étaient pas omis.

Nonobstant cette importante lacune, j'acceptai pour bonne ma vision ; le rêve se condensa, l'utopie devint théorie, et je m'y dévouai corps et âme.

Une transformation s'était faite en moi : *j'étais devenu socialiste!!*

Mes nouvelles croyances m'apprirent à supporter la pauvreté et la misère, à végéter loin des honneurs que dispense la société actuelle, et à avaler jusqu'à la lie le calice d'invectives, d'aménités et d'injures que remplissent sans vergogne les âmes charitables, les pieuses Danaïdes en robes blanches, grises et noires de notre époque d'arlequins.

Je me trouvais mieux avec mon malheur et ma foi ; j'étais plus content de moi-même que le sceptique bandit, le spirituel larron qui ne voit ici-bas que des dupeurs et des dupes, et qui se range vertueusement du côté des premiers.

J'avais lu le mot de cet excellent Gœthe, qu'il place dans la bouche de Faust : « Quiconque a cru quel- » que chose avec force... a été de tout temps crucifié » ou persécuté. » — Mais je n'y tenais pas ; j'étais socialiste, je restai tel, et je le suis encore.

Convaincu, par l'histoire, que mon opinion aurait à souffrir avant de triompher, sachant bien qu'il faut à une *idée* des martyrs pour que les apôtres et les disciples viennent ensuite, je méditai quel serait l'endroit par où je pourrais pousser pour hâter le succès. C'est alors que je songeai à devenir avocat, saintement résolu à prêter, en frère, l'appui de ma voix et de mon expérience future au frère persécuté.

§ IX. — *La Révolution arrive.* — *Les Socialistes sont à la Révolution ce que l'arc-en-ciel est à l'orage.*

Sur ces entrefaites, pendant que s'opéraient en moi ces radicales transformations, la Révolution de 1848 arriva.

Tel elle m'a trouvé, tel je suis encore, Monsieur le Procureur.

Il faut, au reste, avouer que cette Révolution n'était pas faite pour modifier mes convictions. Je n'ai aucun mérite à être resté le même; il ne faut donc pas m'en vouloir. Et vous, procureur que vous êtes, pour agir en procureur sage, vous devez nous comparer, les miens et moi, à ces arcs-en-ciel qui paraissent après les orages, mais que l'orage n'a point fait naître.

Nous sommes les suivants de la Révolution. Si la Révolution ne fût pas venue, peut-être n'eussions-nous pas été si apparents; mais si la Révolution ne fût pas arrivée, la misère et la honte qui l'engendrèrent, n'eussent pas rongé la société bourgeoise et *banquière* de Louis-Philippe, et, ces deux plaies absentes, l'aisance et l'honnêteté présidant aux destinées de la nation, — le Socialisme, à proprement parler, n'eût pas eu besoin d'apparaître.

Vous le voyez, tout s'enchaîne; les causes, grandes ou petites, amènent des effets petits ou grands; chaque chose a sa raison d'être, son temps et son lieu; et quand un fait ou une idée arrive dans le monde, l'homme, en vrai religieux, en tributaire de la Providence, doit s'incliner, en tirant son chapeau (avec bien plus de raison que M. Cousin) devant le fait ou devant l'idée, qu'il combat s'il veut, mais qu'il combat avec dignité et mesure. *Fait* et *idée* tomberont d'eux-mêmes le jour où ils n'auront plus d'utilité aucune, ou bien serviront, malgré les hommes, en dépit de tout, à l'heureux développement des hommes, à l'heureuse compréhension des choses.

Tout cela, Monsieur, est pour vous dire que la Révolution est venue, qu'il faut l'accepter; que le Socialisme est là, et qu'il y faut faire attention sérieuse.

Aussi bien, Monsieur, le Socialisme est une science, un idéal, un type que ses adeptes voudraient expérimenter. — La Révolution est venue ébranler la société sur ses vieilles bases et favoriser ainsi nos tentatives.

L'époque est donc providentielle. C'est ce que nous appelons, nous autres, gens ignorants, une époque palyngénésique.

Dans ces temps remarquables, l'histoire vous le montre, la société se divise toujours en deux parties fortement séparées : c'est le vieux monde et le nouveau; ce sont les hommes du passé et les hommes de l'avenir; ce sont les aristocrates exclusifs et les démocrates; les individualistes et les socialistes.

Comprenez-vous maintenant pourquoi nous existons, et pourquoi j'ai le droit d'être socialiste, comme vous pouvez vous donner celui, vous, d'être aristocrate?

§ X.—*Les Socialistes sont persécutés. Je reste Socialiste!*

C'est donc notre destinée : sera vainqueur qui pourra.

Nous voudrions réformer le monde; vous voudriez le garder tel qu'il est, ou plutôt tel qu'il était jadis; car, aujourd'hui, la machine fonctionne assez mal.

Depuis quelques jours, vous avez l'air d'être vainqueurs; mais voici bien une autre affaire :

Plus vous avez de triomphes, plus vous avez d'embarras.

Vous ne comprenez pas que vos rouages sont rouillés, cassés, et qu'il en faut de neufs.

Et vous vous en prenez à nous de l'immobilité de la machine! C'est nous, dites-vous, qui venons tout gâter.

Ce sont les socialistes qui tuent le crédit, ruinent le commerce, entravent la circulation;

Ce sont les socialistes qui vont à Ems, visiter M. le comte de Chambord;

Ce sont les socialistes qui crient : Vive l'Empereur!

Ce sont les socialistes qui demandent la révision immédiate de la Constitution républicaine, *parce que le pouvoir n'est pas assez stable.*

Ce sont les socialistes qui pillent, pendent et tuent, en Hongrie;

Ce sont les socialistes qui saccagent la malheureuse Italie, et qui font entrer le pape à Rome, comme on ferait entrer un bouchon trop gros dans le gouleau d'une bouteille trop petite;

Ce sont les socialistes qui gouvernent l'Irlande.

Allons donc, ce sont les socialistes qui font tout.... ce qu'il y a de mal fait dans cette malheureuse Europe!

Au socialiste! au socialiste! Montjoie-Saint-Denis, sus au socialiste! pille, pille, au socialiste! ventre-bleu! morbleu! palsembleu!!!

Paysan, prépare ton bât... pour porter le socialiste quand on l'aura tué. Tu mangeras de la bête.

§ XI. — *Les Socialistes meurent de faim : Je reste socialiste.*

En attendant, Monsieur le Procureur, (en attendant qu'ils servent de nourriture aux autres) les socialistes meurent de faim; les uns crèvent sur les pontons, comme des chiens abandonnés; les autres dévorent chaque jour dans l'exil les larmes amenées par les douleurs de la patrie absente; d'autres, vous dis-je, meurent de faim...

J'ai tel de mes amis qui, à Paris, a traîné son existence pendant plus d'une année, sans pouvoir trouver, pour sa femme et pour lui, un morceau de pain gagné à la sueur de son front. Intelligent et instruit, sérieux et probe, il enseignait autrefois, dans un lycée, les enfants de la fortune. Son travail lui était suffisamment rétribué. Il y a plusieurs mois, on lui enleva sa place parce qu'il était socialiste, *démagogue* et *anarchiste*. Depuis, il a cherché partout; il a frappé à toutes les portes; il a prostitué sa fière intelligence, subi toutes les humiliations, pour se faire humble et trouver plus facilement du pain pour sa pauvre femme et pour lui. — Rien, rien, toujours la faim en perspective, la douleur à son chevet. Il vient de m'écrire. Je pars, m'a-t-il dit, vous ne me verrez pas de longtemps; je quitte Paris parce que J'AI PEUR D'Y MOURIR DE FAIM! *Tous nos frères sont comme moi, malheureux comme les pierres, repoussés comme un chien mort!!.* . . . .

—

Pauvres républicains! pauvres socialistes! vous suivrez donc toujours la similitude jusqu'au bout? — Vous êtes donc, — bien vrai, — les chrétiens des premiers siècles? Pauvreté, persécutions, déceptions, misère, rien ne vous manque donc?

Humanité! humanité! quel est le chemin que tu fais suivre à tes aînés? Providence! quels sont tes desseins? Nature! te plairas-tu donc toujours dans les contradictions?

Depuis deux mille ans et plus, l'idée est là qui marche; elle se montre, à cette heure, plus belle, plus pure, plus concluante que jamais; et ceux qui la suivent, l'écoutent, la montrent aux autres: ceux-là sont les malheureux de l'espèce, les damnés du destin!

Dieu! la réalisation de cette idée sera donc bien magnifique, bien étonnante à nos esprits, qu'il faille tant d'épreuves pour y arriver?

Le monde sera donc bien beau, puisqu'il faut qu'il soit si laid !

Nous serons donc bien heureux, nous les précurseurs, nous les révélateurs, puisqu'il faut que nous soyons si malheureux, si traînés, si vilipendés, si hurlés !

Nous serons donc bien heureux ; mais eux, — les autres CAÏNS, — ils seront heureux et fiers aussi, puisque c'est pour eux que nous travaillons !

Et où donc est notre récompense ?. . . . .

Notre récompense, frères, la voici :

La Providence a donné aux hommes, pour se guider, des DROITS et des DEVOIRS, — et leur a dit :

« Ceci vous sera accordé plus tard, à chacun, par
» égale mesure ; mais, d'ici là, les *droits* doivent al-
» ler aux plus *faibles*, et les *devoirs* doivent rester
» aux plus *forts*. Les plus forts arriveront les premiers
» au but. »

Dieu donc a placé notre fonction DANS L'ACCOMPLISSEMENT DU DEVOIR !

Et notre fonction, c'est notre récompense !!

§ XII. — *Les Socialistes triompheront.*

Que parlons-nous donc de désespoir ? Est-ce que les plantes se lassent de pousser, parce que le soleil les fuit pendant une moitié du jour ? Est-ce que le soleil lui-même se lasse d'éclairer le monde, parce que des nuages obscurcissent quelquefois ses rayons ?...

Si l'un de ces pharisiens de l'époque lisait ici les lignes que je trace, il rirait ! sur ma foi, il rirait !... Qu'as-tu fait de ton cœur d'homme, brute civilisée, pour rire de ma croyance ? — Oui, notre idée est un soleil ; notre idée, c'est la nature même ; c'est plus qu'un soleil, plus que la nature, car notre idée, c'est

Dieu, c'est la pensée de Dieu, et le soleil n'est qu'un fait, et la nature n'est qu'un fait. Dieu, cet être infini et *créateur de tout*, peut demain, s'il le veut, remplacer le soleil par autre chose, transformer la nature, qui doit déjà l'avoir été souvent; — mais il est interdit à Dieu lui-même de changer, de détruire notre idée, *car notre idée, c'est Dieu, et Dieu, c'est lui.* Dieu ne peut pas se tuer!

Riez donc, hommes qui n'avez de l'homme que la face et le nom, riez donc et faites mourir de faim vos frères! L'idée marchera, et le bonheur viendra pour vous, en dépit de vous, pauvres âmes tombées, car vous êtes les *faibles*, et Dieu nous a dit de travailler pour vous, malgré vous.

Ainsi nous marchons depuis l'éternité, écartant les ronces du chemin et nous meurtrissant sur les pierres, sans savoir si notre œuvre aboutira, un jour prochain, complète, — mais sûrs d'apporter chacun une pierre à l'édifice que nous bâtissons tous ensemble, Dieu et les hommes.

Dieu donc est avec nous; il travaille avec nous. — Allons, en avant, générations de tous les âges, hommes de toutes les forces, cœurs dévoués, âmes ardentes, en avant! — Travaillons pour l'avenir qui nous verra revivre! Dieu et l'humanité sont ensemble! Nous arriverons sur la route, nous parviendrons au but, nous bâtirons nos palais. Que nous font les orages! Il n'en est pas pour nous.

Allons, mon pauvre Juif-Errant, marche, marche toujours, *avance et marche donc,* comme dit la complainte; — ta course n'est pas la punition d'un crime, pauvre crédule abusé, car Dieu ne t'a puni jamais; tu n'es que le symbole antique et vrai de la constance et de l'énergie des peuples.

Marchons, amis, pionniers de l'avenir, marchons,

voilà la *liberté*, voilà l'*égalité*, voilà la *fraternité!* Ces trois mots sont écrits en lettres d'or sur un palais de marbre : c'est là que nous devons atteindre. Si quelques-uns des nôtres, — épuisés de fatigue et de faim, — tombent sur le bord de la route, victimes d'une injuste misère, — ce n'est pas une larme qu'il leur faut... leur âme, plus légère, arrivera avant nous au terme du voyage, — et pour *un* qui meurt, il nous en revient *mille!!!*

§ XIII. — *Salut aux Procureurs!!!*

Pardonnez-moi, Monsieur le Procureur, je vous fait profondément mes excuses; vous ne comprenez pas peut-être ces transports, et vous devez vous gaudir tout à votre aise, dans votre barbe d'homme de loi, de ces croyances, de cet enthousiasme, qui appartiennent à un monde inconnu du vôtre, à une couche sociale inférieure ou supérieure à la vôtre, comme vous voudrez, mais qui, bien sûr, n'est pas la vôtre.

Aussi bien, dans l'impuissance où je me trouve, — élevé à cette hauteur de sentiments, — de faire suivre à ma plume les sentiers laids et boueux de l'ordinaire conversation, je la brise, et vais me taire.

Je vous laisse à vos occupations. — Avant, toutefois, de prendre de vous un respectueux congé, je tiens à formuler un désir :

Je désire, Monsieur, que vos fonctions, thermomètre invariable du calme et de la fureur, en politique comme en justice criminelle, vous donnent assez de loisirs pour que vous puissiez lire, avec les pages qui précèdent, les pages qui vont suivre. — Ces dernières ne vous sont pas adressées; mais les unes comme les autres sont l'expression de mon cœur de socialiste ; ici, comme là, vous apprendrez l'énergie de mes convictions et la sincérité de ma conduite.

Je ne suis pas fâché qu'ainsi votre édification soit complète. — Dans l'avenir, s'il vous arrive de diriger contre nous, moi ou d'autres, de nouvelles poursuites insensées, revenant sur l'inanité de vos premiers exploits, vous mettrez un terme peut-être à votre verve railleuse, — et après avoir fait de judicieuses réflexions sur l'inconstance de nos temps révolutionnaires, — quand vous aurez devant vous des socialistes, vaincus aujourd'hui, vainqueurs demain peut-être, — vous aurez appris sans doute à traiter en homme sérieux et compatissant, des hommes qui vous valent par l'intelligence et par l'honneur.

Cela dit, Monsieur, recevez avec mes salutations distinguées l'assurance la plus formelle de ma foi au socialisme et de ma haine *forcée* pour l'aristocratie *exclusive;* — faites agréer, s'il vous plaît, à tous vos aimables collègues l'expression des mêmes sentiments.

Bernis REYNAUD-LESCURE.

Cubas, 23 septembre 1849.

DEUXIÈME PARTIE.

Au Jury de la Dordogne.

---

§ XIV. — *Pourquoi je me suis tu d'abord, — pourquoi je parle aujourd'hui.*

Mon intention bien arrêtée était de prononcer devant le jury, le 26 août 1849, un discours à peu près semblable à celui que l'on va lire; j'en fus détourné par quelques amis; je cédai à leurs conseils opiniâtres : bien peut-être m'en prit. — Il est certain cependant que si je me résignai à ne rien dire, ce fut principalement, uniquement même, à cause du ridicule qu'il y aurait eu de ma part à prendre la parole après l'admirable plaidoirie de mon défenseur. — Il est quelques hommes, privilégiés par le talent, après lesquels on ne doit jamais parler. — Si je n'avais su me taire, j'aurais méconnu le talent de *Marc Dufraisse*.

Que ceux qui ont été mes jurés, et auxquels je m'adresse (si ce livre leur tombe sous la main), se donnent la peine de me lire; ils porteront sur ce discours (avorté devant eux) une appréciation plus indépendante, ou tout au moins plus calme et plus tranquille, qu'ils ne l'eussent fait peut-être quand j'étais sur le banc des voleurs et des assassins; car il n'y aura là, pour conséquence de leur appréciation, ni acquittement, ni condamnation.

Si donc j'avais parlé devant la Cour d'assises, voici à peu près les paroles que j'aurais prononcées :

§ XV. — *Entrée en matière.*

Citoyens Jurés,

C'est un mot qui m'amène ici ; mais ce n'est pas un mot que je viens défendre. Si, dans l'article incriminé, on n'avait pas aperçu ce cri : *Vive la République démocratique et* SOCIALE ! on n'aurait pas eu prétexte pour saisir la *Ruche de la Dordogne;* l'article cependant serait resté le même, aurait gardé la même signification et la même énergie. Ce mot, d'ailleurs, ce cri, n'était que la conséquence des arguments qui le précédaient, l'épiphonème de déductions antérieures. — Il serait donc absurde de poursuivre le mot et non l'article ; il serait non moins absurde d'abandonner l'article pour défendre le mot. Mais cet article est une page purement socialiste, arrachée d'un écrit socialiste, un article de doctrine et non de circonstance. Si donc on est logique, il le faut déclarer hautement, c'est le Socialisme que l'on attaque dans mon obscure personne ; et si moi-même je veux être logique, c'est le Socialisme que je dois défendre.

Vous n'attendez pas sans doute que je vous fasse un exposé long et détaillé de toutes les réformes que le Socialisme élabore, de toutes les écoles qui le composent, de toutes les promesses qu'il contient, de toutes les espérances qu'il donne. Ce serait là une leçon au-dessus de mes forces, au-dessous surtout de votre intelligence. Le ton doctoral n'irait pas à mon âge ; et, moi professeur, vous élèves, le monde ainsi serait renversé. Je n'ai pas à faire, dans cette enceinte, de propagande socialiste; ma thèse ne doit embrasser que ma défense personnelle. Je n'oublierai pas cette sphère restreinte; heureux serais-je cependant, si, en agréant aujourd'hui mes paroles, vous sympathisez plus tard avec mes croyances. — Je serai donc le plus bref possible.

§ XVI. — *Généalogie de la bête.*

On se tromperait étrangement, citoyens, si l'on croyait que le Socialisme date d'hier. Cette *idée* n'est pas neuve, il s'en faut, et les révolutions depuis longtemps ont fait connaissance avec elle.

Prenez l'histoire, remontez le courant des siècles, et vous resterez convaincus de ce que j'avance.

Commencez à la révolution française de 1789; regardez le travail surnaturel des encyclopédistes et de Rousseau; considérez cette grande époque du XVIII.e siècle, où, ainsi que l'a dit un historien célèbre, *le monde était comme ivre.* — Lorsque vous vous serez bien pénétrés de ce travail de décomposition qui s'opère en France, montez, montez un peu plus, et, après les guerres de religion, les dragonnades, le siège de Larochelle, les massacres de la Saint-Barthélemy, — arrêtez-vous à Luther, en Allemagne; à Calvin, en France; à Zuingle, en Suisse; à Savonarole, en Italie; à Thomas Morus, en Angleterre; — contemplez ce grand mouvement révolutionnaire qu'on appelle la *Réformation*, et qui est peut-être un des plus grands évènements des temps modernes. — Suivez toujours l'histoire; laissez passer ces grands schismes qui divisent l'occident; ces guerres des Hussites, provoquées par un concile; ces guerres d'Albigeois, où l'on se bat sans merci, épée contre bâton, noble contre paysan ; ces affranchissements des communes, par où la *bourgeoisie* commence à naître.... et tant d'autres évènements que je ne puis même mentionner ici. — Au-dessus encore, ne tenez pas compte, si vous voulez, de ce cataclysme universel, du travail de classement, du travail de races, de nationalités, qui s'opère et absorbe l'Europe pendant huit à neuf siècles ; mais à côté, au commencement de cette commotion terrible, — voyez la venue du Christ, du sauveur du monde, du rédempteur de l'humanité : — c'est le SOCIALISME qui vient de naître.

§ XVII — *Sa parenté.*

Je ne sais si, dans cette enceinte, je blesserai l'oreille de quelque catholique réactionnaire, de quelque papiste dévot ; mais je suis forcé de le dire, — le Socialisme procède directement du Christ et des Apôtres, de l'Evangile et des Pères de l'Eglise. Je crois inutile d'insister sur cette assertion ; chacun peut se convaincre de la vérité de ce que j'avance, en allant puiser aux sources nombreuses où j'ai puisé moi-même. Tant pis pour les catholiques, s'ils ne comprennent pas cela ; c'est une preuve de plus, que, à force d'éditer, de revoir et de corriger l'Evangile, ils ont fini par l'oublier un peu.

§ XVIII. — *Son vrai nom.*

De Jésus-Christ au 19e siècle, c'est toujours la même idée qui marche, avec des formes diverses, mais revêtue des mêmes espérances, et protégeant le même but : *Religieuse* avec Luther, *politique* avec Rousseau, elle est *sociale* avec Fourier.—*Fraternité* avec le premier, *liberté* avec le second, *égalité* avec le troisième.— Ces trois *idées* n'en forment qu'une seule, qui a été apportée au monde par le Christ et ses apôtres ; et ce sont ces trois *idées*, réunies en une seule, qui agiteront le monde tant qu'elles ne seront pas incarnées dans les faits.

Cette *idée*, ai-je besoin de la formuler? N'avez-vous pas compris que je veux parler du *bonheur* et du *bien-être* des peuples, de cette loi de *progrès* et de *liberté* que la Providence a imposée fatalement à l'homme, du *Socialisme* enfin ; car le Socialisme n'est pas autre chose que le progrès.

§ XIX. — *La bête a marché.*

Le peuple, ce pauvre Juif-Errant, est toujours à la recherche de la meilleure méthode de bonheur ; il traîne depuis long-temps et partout sa besace pleine de vices et de misères. Aujourd'hui qu'il croit que la science lui a facilité ses recherches, peut-on s'étonner qu'il désire s'asseoir, et mettre un terme à sa course pénible ?

—

Oui, citoyens, l'idée que le Christ avait jetée dans le monde, après avoir passé par tant d'épreuves diverses, — barbare avec l'un, incomplète avec l'autre, mais avançant toujours, — a fini par se montrer complète, sous l'inspiration des philosophes de notre âge, Saint-Simon, Fourier et quelques autres. L'*instinct*, qui ne pouvait la comprendre, a fait place à la *science*, qui l'a expliquée. Le problème posé depuis si long-temps, est aujourd'hui résolu : il n'y a plus qu'à écrire cette solution.

XX. — *Raison d'être du Socialisme, prouvée par ce qui est.*

En attendant, l'*idée* semble avoir fait élection de domicile en France, à l'exclusion presque de toute autre nation. Pourquoi ces préférences? — Parce que nos sciences sont plus parfaites? nos intelligences plus actives? notre esprit plus creuseur? — Je n'en sais rien. Toujours est-il que le lieu et l'époque sont admirablement choisis; et puisqu'avant le germe vient toujours la putréfaction, c'était bien en France, et à notre époque, que le Socialisme devait germer.

Je ne parle pas à la légère, quand je dis que notre société française est malade et que la maladie pourrit son corps. Il serait superflu, n'est-ce pas, de vous parler de la corruption qui a occasionné *le malheur de Février*, comme certains disent déjà. C'est là un secret de comédie que personne n'ignore, et dont, tous, nous avons honte. Mais sans vous entretenir de nos misères, je peux, par un exemple, vous faire voir la profondeur de la plaie.

Elle est si grande, cette plaie, que la littérature contemporaine ou passée, cette fille de l'imagination, n'a pu encore en donner la mesure. Cela veut dire que la réalité est effrayante, et étonne à ce point notre esprit, que nous ne pouvons la comprendre.

Ainsi, voyez : *Lafarge, Praslin, Léotade* (un bourgeois, un noble et un prêtre), ces trois crimes qui d'abord ont été l'affaire de deux, du juge et du bourreau, qui deviennent aujourd'hui l'affaire de la société, ont vaincu tous nos drames : *Praslin* est plus monstrueux qu'*Orsini*, à la *Tour de Nesle*; le vieux château du *Glandier*, au milieu des houx et des châtaigneraies, a des sanglots plus tristes, un cadavre plus froid, des prières plus brûlantes que le *Macbeth* de Shakespeare. — Quant à Léotade............ (Voir la note de la page 22.)

N'ai-je pas raison, citoyens? Le mal devient si

grand, qu'il n'a rien de comparable à lui que lui-même. Quand on veut l'écrire et le faire connaître, tout, tout est faible; jusqu'à ce *chiffonnier* de Félix Piat, œuvre récente d'un talent vigoureux, qui n'est qu'une maigre parodie de la misère des faubourgs, cette cent-millième partie des misères de la France...

Il y a cependant, de par le monde, des hommes assez peu sensés pour espérer de tuer la maladie avec une monarchie et des *oremus*...!

§ XXI. — *Une définition du Socialisme.* — *Position d'un problème.*

Mais revenons au Socialisme.

Appuyé sur la science, le Socialisme a répondu à la question que le peuple posait à ses gouvernants, dans tous les siècles, par une guerre ou une révolution.

Pour vous dire cette réponse, je consigne ici une pensée qui m'a été suggérée par l'étude d'un philosophe profond de notre époque : je veux parler de M. Auguste Comte. Cet homme de talent a divisé ainsi, par ordre de naissance, les différentes branches de la science : 1.º la mathématique; 2.º l'astronomie; 3.º la physique; 4.º la chimie; 5.º la biologie; 6.º la sociologie. L'histoire de cette science, a-t-il dit, est une philosophie; cette philosophie a d'abord été représentée par la théologie (sous la forme du polythéisme, en premier lieu; sous la forme du monothéisme, en second lieu), et puis par la métaphysique; elle doit être aujourd'hui une philosophie positive, une science sociale.

On peut donc dire, d'après M. Comte, que la Socialisme est l'étude des différents changements à ap-

porter aux institutions sociales, — étude basée sur
la science, sur les connaissances humaines, et qui
va aussi loin que peuvent aller ces connaissances. —
Et alors, l'homme étant né pour être heureux, et
cherchant toujours le bonheur, comme un corps lancé
dans l'espace cherche son centre d'attraction, — nous
pouvons poser ainsi la réponse du Socialisme et le
problème qu'il veut résoudre :

« Etant donnés les divers éléments de la vie de
» l'homme, trouver quelle est la plus grande somme
» de bonheur et de bien-être à laquelle il puisse hu-
» mainement et progressivement prétendre? » — Un
problème bien posé est à moitié résolu.

§ XXII. — *Le problème est résolu. — Fruits mûrs que l'on pourrait cueillir.*

Celui-ci, je vous le disais, est aujourd'hui résolu
tout entier; mais la solution n'est pas écrite.

Pour faire connaître à tous cette solution, pour
aboutir à un état normal, en un mot, pour faire son
œuvre, le Socialisme a dit par des formules les améliorations possibles, les réformes partielles qu'il voulait présentement obtenir. Vous connaissez toutes ces
formules; la presse démocratique et sociale les a données plusieurs fois :

*Défense énergique de la forme républicaine et du
suffrage universel direct.*

*Maintien et développement de la Constitution dans
le sens démocratique. — Unité du pouvoir.* — Subordi-
nation formelle du pouvoir exécutif au pouvoir lé-
gislatif.

Liberté réelle de la presse, — qui n'est autre que
la liberté de la pensée.

Inviolabilité du droit de réunion et d'association.

Droit au travail. — Education commune, gratuite, obligatoire et intégrale en raison des aptitudes.

Réforme administrative et judiciaire. — Organisation démocratique des services publics; les fonctions données par l'examen et l'élection. Révision des Codes. *Justice véritablement gratuite. Abolition complète de la peine de mort. Abolition de la conscription.*

Réforme financière. Organisation démocratique du crédit foncier, agricole, industriel et commercial. Centralisation et exploitation au profit de la société tout entière des assurances, de la banque, des chemins de fer, des canaux, de toutes les voies de communication et des mines.

Abolition de l'usure. Réforme du régime hypothécaire. *Répartition équitable des charges de l'impôt.*

Large développement de l'agriculture et de l'industrie. — Organisation démocratique et développement des sciences et des arts, appliqués aux besoins de la société nouvelle.

Accroissement de la richesse publique par l'association des éléments producteurs.

Respect des nationalités. Affranchissement et sainte-alliance des peuples. Fraternité des races.

Pardonnez-moi, citoyens, cet exposé que je viens de vous faire; mais je voulais vous dire que si on m'intente un procès parce que je suis socialiste, il fallait aussi l'intenter à l'humanité tout entière, ou du moins à un parti tout entier.

Je ne nie pas le procès; je l'étends, au contraire, vous le voyez, car je ne veux et je ne dis que ce que veulent et ce que disent les socialistes; et les socialistes, à leur tour, ne disent et ne veulent rien que je ne sois bien avec eux et pour eux.

§ XXIII. — *Griffes postiches que ses ennemis avaient mises aux pattes de la bête.*

Oui, les socialistes veulent le *droit au travail*, parce que, ainsi que le disait naguère Mathieu (de la Drôme), une société où un homme peut mourir de faim est une société homicide. — Oui, les socialistes veulent *organiser le travail*, de telle sorte qu'il ne soit plus *un frein*, qu'il soit *attrayant* pour tous et équitablement réparti entre tous; parce que le travail est la vie de l'homme, la condition d'existence des sociétés, et parce qu'un *oisif* n'est qu'un être inutile, exploitant forcément tout le monde et forcément à charge à lui-même. — Oui, les socialistes veulent détruire le *salariat*, qui n'est qu'une dernière forme du *servage*, lequel n'était qu'une autre forme de l'*esclavage*; ils veulent, par conséquent, constituer le *sociétariat*, proclamer l'*association libre et volontaire* entre tous et pour tous, dans quelques parties du travail social d'abord, dans toutes les branches de la société ensuite, avec la *répartition proportionnelle* au capital, au travail et au talent.

Oui, les socialistes veulent cela; mais ils veulent en même temps respecter la *famille*, et, tout en faisant distribuer à *tous* ses faveurs, mettre cette institution divine sur un pavois de vertu où personne ne pourra l'atteindre par la corruption ou l'infamie, — parce que les socialistes savent mieux que personne que cette institution est l'alvéole de la *fraternité future*.

Oui, les socialistes veulent cela; mais ils veulent aussi respecter la *propriété*, tout en la modifiant de telle sorte qu'elle soit accessible à chacun, — parce qu'ils savent que la *propriété* est la garantie de la *liberté*.

Oui, les socialistes veulent cela; mais ils veulent

aussi respecter la *religion*, tout en la purgeant des momeries et des arlequinades, parce qu'au lieu d'abaisser l'homme, ils veulent l'élever; parce qu'ils ne veulent pas du *code de la brute* (quoi qu'en ait dit M. Louis Reybaud, ce bel-esprit sceptique); parce la brute n'adore que l'os qu'on lui donne à ronger; parce que la *religion* de l'homme est la preuve de son *intelligence*, et parce que l'intelligence cultivée est le germe de l'*égalité future*.

Les socialistes veulent tout cela, vous dis-je, et ils pensent de plus, qu'en nous jetant sur cette terre, *Dieu, nous faisant à son image*, n'a pas voulu nous laisser tourner pour l'éternité autour d'un cercle de misères, de vices et d'infamies; ils pensent que si nous parvenons à trouver le bonheur sur notre planète, à éteindre les pestes du corps et de l'esprit, à changer une *vallée de larmes* en une vallée de joie et d'harmonie, — Dieu n'en sera pas plus mécontent, et nous-mêmes plus malheureux dans l'autre monde. Ils appellent tous les jours la réalisation de cet *hyperbolique* idéal; c'est leur manière, à eux, d'adorer le bon Dieu..... — Si ces doctrines, si ces croyances sont coupables, ne me conduisez pas devant des juges; *qu'on me ramène aux carrières!*

§ XXIV. — *Réflexion saugrenue.*

Ai-je tout dit, citoyens, et le Socialisme est-il encore criminel à vos yeux? Si vous doutez toujours, je ne sais plus quoi vous dire, et votre doute va me faire douter....

Qu'on me ramène donc aux carrières, parce qu'après tout, on a raison, et le Socialisme est une peste... Il y a longtemps qu'on est monté sur les toits pour le dire au peuple: Le Socialisme, c'est la destruction

de la famille, l'abolition de la propriété, le viol, l'a-
dultère, le pillage, l'incendie... que sais-je encore?
une Macédoine de crimes et de lâchetés, une collec-
tion de phénomènes contre nature et de monstres
avortés.... Voilà le grand mot lâché ; aussi bien, puisque l'épée est sortie du fourreau, coupez, taillez,
dépecez.....

Allons, puisque le Socialisme est accusé dans ma
personne, qu'on frappe le Socialisme qui n'est pas
sage, comme cet autre roi fit battre de chaînes la mer
qu'il ne pouvait dompter.

§ XXV. — *Réflexion sensée.*

Vraiment, citoyens, avouez avec moi qu'on est bien
insensé d'opposer à une *idée* des passions et des préjugés, des intérêts égarés et des peurs fanfaronnes.

Voici une vérité qui n'est pas neuve assurément ;
on l'a dite bien souvent déjà ; elle n'est pourtant pas
comprise encore, et je la peux répéter : — L'*idée*
est plus forte que le sabre, plus forte que le canon ;
l'*idée vraie*, marche, marche toujours, laissant, si on
la comprime, des débris sanglants sur sa route ; —
ne vous inquiétez pas de l'*idée fausse* : celle-là meurt
avant de naître.

Pourquoi donc toujours ce vieux système d'op-
pression?

Croyez-vous que, parce qu'il leur sera offert en
perspective la prison ou l'exil, les prosélytes seront
moins nombreux, si les apôtres sont toujours fer-
vents?

Croyez-vous que les apôtres manqueront, tant qu'il
y aura dans le monde une idée sublime à défendre,
une douleur à soulager, une misère à éteindre?

Croyez-moi (je m'adresse ici aux réactionnaires),

la violence ne mène à rien ; vos fureurs et votre cour-
roux, font ressortir d'autant notre amour et notre pa-
tience. — Si nous sommes dans le faux, si vous êtes
dans le vrai, à une idée n'en avez-vous pas deux, et
trois, et mille à opposer? et le calme ne doit-il pas
toujours accompagner la raison ? — Prenez garde! si
vous continuez ainsi à porter au Socialisme des accusations folles, involontairement on se rappellera les
révérends pères qui, lorsque Pascal écrivait une *lettre
provinciale*, lui lançaient à la tête un *moine* pour réponse. Un moine alors valait bien une raison; et eux
aussi se croyaient triomphants; vous pourriez cependant finir par être vaincus comme eux, sans retour...

Mais cela ne sert plus à rien aujourd'hui, et mes
paroles sont inutiles. Le rôle de *Cassandre* est triste
à jouer; je le laisse à d'autres, me contentant de voir,
sans vous le dire, dans l'usage que vous faites de la
victoire, un aveu de votre future défaite.

Je dis comme Victor Considérant :

« Océan, vieil Océan, tes vagues furieuses battent
» le flanc de notre navire; tu n'en porteras pas moins
» ce navire au port! »

§ XXVI. — *Les amis de la bête, sont les ennemis du
genre humain.*

Cependant, citoyens, peut-être l'opinion de quelques-uns d'entre vous est-elle que le *Socialisme* a sa
raison d'être, et que je ne dois pas être poursuivi par
cela seul que je suis *socialiste.*

Vous vous demandez alors avec moi : Pourquoi je
suis dans cette Cour d'Assises ?

On vous a répondu déjà : Parce que je suis un excitateur, a-t-on dit; parce que, dans l'article incriminé, *j'ai voulu provoquer mes concitoyens au ren-*

*versement du gouvernement établi; parce que j'ai excité
une classe de citoyens à la haine d'une autre classe;
parce que j'ai appelé la guerre civile....*

Que d'accusations sur ma pauvre tête! Comme le
vocabulaire des lois et des réquisitoires méprise peu
les hommes, pour si petits qu'ils soient, et quel admirable télescope que la lunette d'un procureur!

———

C'est ici, un autre aspect de l'accusation, un autre aspect aussi de la défense; on n'a pas osé
peut-être m'accuser par cela seul que je suis socialiste; mais parce que je suis socialiste, je suis un
excitateur à la révolte, et parce que je suis un excitateur à la révolte, je suis accusé.

Vous voyez bien que, de la partie précédente de
mon discours à la partie qui va suivre, la transition
n'est pas brusque, il s'en faut; et si j'attaque un
autre ordre d'idées, ma position devant vous n'en
est pas pour autant plus complexe.

Le procédé, d'ailleurs, n'est pas nouveau : les
chrétiens des premiers siècles, ces *socialistes* d'alors
comme nous sommes les *chrétiens* d'aujourd'hui,
n'étaient pas accusés par les empereurs romains et
les préfets du prétoire par cela qu'ils étaient chrétiens, mais bien parce qu'ils troublaient *l'ordre* de
la cité païenne. — Il est cependant juste de dire que,
dans le pseudo-criminel, on apercevait toujours le
chrétien sublime!

§ XXVII. — *Un procureur l'affirme.*

Je suis donc un excitateur et le réquisitoire de
Monsieur le Procureur suppose et veut prouver que
mes opinions socialistes ont nécessairement pour cor-
tège le désordre et la guerre civile. Je ne fais pas de

phrase banale, et je dis que ce réquisitoire met entre vous et nous (je veux dire entre les socialistes et ceux qui ne le sont pas), une barrière au-delà de laquelle on pourrait bien, un jour, trouver.... autre chose qu'une branche d'olivier.

Ne faisons pas de drame, citoyens; à l'heure présente, il se termine en Hongrie et en Italie, ces deux pauvres sœurs; croyez-moi, ne l'appelons pas en France; savons-nous bien quel pourrait en être le héros?

M. le Procureur me traite en ennemi. Y a-t-il bien songé, et chacun ne peut-il pas voir clair là-dedans? — Il m'accuse aujourd'hui; qui saurait dire que je n'aurai pas demain le pouvoir de l'accuser à mon tour? — Le vent souffle fort pour lui, c'est vrai; mais il tourne souvent, et s'il l'a à cette heure en poupe, il pourrait bien avant peu céder la place à d'autres. — Après tout, cela est dans l'ordre des choses possibles.

Nous sommes arrivés, citoyens Jurés, à une de ces époques de rénovation sociale où il faut laisser avec soin la calomnie et la violence pour les méchants et les sots; où l'homme digne et sérieux doit se montrer toujours calme, toujours généreux, où il faut mettre de côté le *réquisitoire*, froid et brutal de sa nature, pour ne laisser entendre que la parole d'un *frère* qui conseille et qui instruit.

Entre gens de la même patrie, alors surtout que cette patrie, agitée dans le présent, est ignorante de son avenir, il ne faut jamais parler d'*ennemis :* cela porte malheur.

Et cependant, quand on dit que, *moi, socialiste,* je suis un excitateur à la révolte, quand on dit que j'appelle la guerre civile, j'en suis fâché pour celui qui le dit, mais on me traite en *ennemi.*

§ XXVIII. — *Un Socialiste le nie.*

Tenez, ramenons le voile sur cette déplorable accusation, et laissez-moi vous dire en quelques mots que je ne suis pas que je ne peux pas être votre ennemi, l'ennemi des réactionnaires. Je prouverai ainsi, que je ne suis pas un excitateur à la guerre civile, au renversement du gouvernement.

Si tout le monde était sincère, citoyens, notre querelle serait bien simple à vider.

Nous sommes, cela est incontestable, en pleine révolution générale, c'est-à-dire dans un état absolument anormal; d'une manière quelconque, il nous faut sortir de cette situation, — en emportant avec nous et pour tous la plus grande somme de bonheur et de bien-être possible. — Avec cette condition (qui est fatale, et dont je vous ai assez entretenus), comment sortir de cette phase révolutionnaire?

Vous et nous, n'est-ce pas, nous acceptons tous, ainsi posé, le débat qui nous divise?

Depuis longtemps, nous, socialistes, nous savons, ou du moins nous croyons savoir que vos moyens de solution ne valent pas les nôtres; c'est pour cela, hommes du passé, que, à côté de votre formule impuissante : « *Il faut organiser la lutte des intérêts par la* COMPRESSION, » nous en avons mis une pleine d'espérance et d'amour : « *Il faut rendre tous les intérêts solidaires par la* LIBERTÉ. »

Aux douleurs de la société, à nos déchirements intestins, vous avez un remède, nous avons le nôtre. Expérimentons ensemble pacifiquement. Si votre cure est meilleure que la nôtre, je m'engage, sur mon âme, à me mettre à l'ombre de votre bienfaisant drapeau. — Pourquoi ne prendriez-vous pas le même engagement que moi-même?

Que nous importent, après cela, les luttes acharnées et stériles de la politique pure, et les décrépitudes monarchiques tombant en lambeaux ? — En vérité, nous serions bien sots de nous battre pour telle ou telle forme de gouvernement ministériel, pour tel ou tel homme, ni plus ni moins intelligent que vous et que moi. — Nous ne vous demandons pas, nous ne vous avons jamais demandé si vous êtes *Guelfe* ou *Gibelin;* si vous criez aujourd'hui : *Vive le roi!* si vous crierez demain : *Vive la ligue!* — Nous ne vous demandons pas, nous ne vous avons jamais demandé si vous préférez tel ou tel de ces pauvres princes sans couronne, qui s'en vont, errant comme des âmes en peine, demander à tous les ruisseaux qui coulent, s'ils ne leur apportent pas une parcelle du trône que le peuple a brisé en février. — Nous vous avons demandé, nous vous demandons encore, si vous êtes des *aristocrates* et des faiseurs de privilèges, si vous êtes contre le peuple ou pour lui? et nous avons votre réponse. — Par votre passé et par votre présent, nous vous tenons en suspicion légitime, et nous voudrions, tout en restant vos frères, vous mettre en quarantaine éternelle : je parle de vos idées.

Votre cœur, nous le bénissons; votre intelligence, je la maudis. Scrutez votre conscience, fouillez la chronique des dernières années, et vous verrez que mon sentiment n'est pas injuste.

Une preuve entre mille :

« *La paix partout, la paix toujours,* » disait, il y a quelques années, votre chef, le ministre Guizot. Ce Calviniste avait raison ; mais les moyens qu'il prit pour réaliser sa pensée nous ont amené la guerre intérieure et extérieure : c'était pourtant un homme illustre. — *L'ordre partout, l'ordre toujours,* semble dire aujord'hui votre nouveau chef, le citoyen Thiers.

Ce Voltairien-là a raison encore; mais qui vous dit que les moyens qu'il prend pour exécuter son projet ne nous amèneront pas le désordre social? C'est pourtant là aussi un illustre orateur, un grand diplomate.

§ XXIX. — *Réflexion amère; c'est triste, mais c'est vrai.*

Je vous le dis, je n'attaque pas votre cœur, j'accuse surtout votre intelligence.

Depuis tantôt un demi-siècle et plus, vous descendez une pente difficile à remonter. Vous avancez dans des ténèbres de plus en plus épaisses, et les faux principes que vous voulez défendre vous amènent insensiblement à de déplorables conséquences; d'autant plus déplorables, citoyens, qu'elles contredisent à l'envi les brillants exploits de vos premiers ans, alors que vous quittiez l'épée du courtisan et la damoiselle de l'Œil-de-Bœuf, pour aller en Amérique prendre le sabre de Washington; — alors que vous souteniez les encyclopédistes et Rousseau; — alors qu'on vous appelait *tiers-état*; — alors qu'on vous nommait Lafayette, Condorcet, Sieyès et Mirabeau. Vous êtes plus loin de cette grande époque par la dégradation de votre intelligence que par l'écoulement des années, et vous vous en éloignez tous les jours davantage avec une désespérante rapidité.

Oui, votre politique nous attriste, aussi sincère qu'elle puisse être. Nous connaissons, voyez-vous, nous connaissons l'histoire et la physique : « Une faute en appelle une autre; l'abîme sollicite l'abîme. »

Et, de fait, citoyens, l'abîme n'est-il pas assez profond aujourd'hui?

Si cependant il était possible de ne pas tout entraîner dans votre chute, si même il était possible de vous ramener du gouffre effrayant au-dessus du

quel vous planez et qui vous fascine ? — Nous y travaillons.....

Voilà pourquoi nous sommes vos *adversaires;* voilà
pourquoi nous ne sommes pas vos *ennemis.*

Vous m'accusez de vous haïr, d'exciter contre vous
mes coréligionnaires! — Dans votre intérêt bien entendu, je désire sincèrement que vous n'ayez pas
dans vos rangs d'ennemis plus ennemis que moi-
même.

§ XXX. — *Conclusion.*

Pourquoi suis-je donc devant la Cour d'Assises?
Je le vois, le tourbillon aujourd'hui nous emporte
tous, et le fleuve révolutionnaire, entraînant toutes
les épaves, si cela continue, ne laissera rien submer-
ger. — C'est là un malheur que tous les hommes
sages doivent déplorer, sans distinction de parti;
c'est un malheur qui m'attriste moi-même, mais qui
ne peut m'étonner. — La justice révolutionnaire du-
rera autant que la révolution; ET JE SUIS ACCUSÉ, PARCE
QUE JE SUIS ACCUSÉ; c'est la meilleure raison que je
puisse trouver.

J'aurai donc garde, citoyens, de faire entendre
des plaintes trop prolongées. J'accepte ma situation,
en m'inclinant devant les décrets de la Providence,
qui, en nous donnant l'*idée,* ne nous a pas encore
donné la *force* de la réaliser. J'accepterai, citoyens
jurés, votre verdict, en m'inclinant devant votre
justice.

BERNIS **REYNAUD-LESCURE.**

Septembre 1849.

TROISIÈME PARTIE.

Au Peuple.

§ XXXI. — *Ceci tuera cela.....*

Peuple, j'avais dit : *Ceci tuera cela....* On m'a poursuivi devant la Cour d'Assises pour ces trois mots; on a demandé pour moi la prison et l'amende; on m'a fait asseoir sur le banc des criminels.... J'ai été acquitté. Je répète encore :

CECI TUERA CELA !!!

OUI, L'AISANCE TUERA LA MISÈRE, — LE BIEN TUERA LE MAL, — LA VERTU TUERA LE VICE.

LA MISÈRE EST GRANDE, LE MAL EST PUISSANT, LE VICE EST FORT.

IL N'IMPORTE : « Une dent triomphe d'une masse, le rat du nil tue le crocodile, l'espadon tue la baleine, le livre a tué l'édifice. »

Ce sont là de judicieuses paroles que j'emprunte à l'écrivain qui, lui aussi, a dit : *Ceci tuera cela*, en parlant de la presse et de l'église, de l'imprimerie et de l'architecture.

Pour mieux répéter ici ce mot qui résume ma croyance, je reproduis, selon mon droit, l'écrit qui m'a valu un réquisitoire *à l'eau de rose* et un acquittement.

Après le juge en robe et en habit noir, — le JUGE

EN BLOUSE. — Je tiens beaucoup aux bonnes grâces du premier, j'apprécie souverainement les faveurs du second.

Voici donc l'ex-corps du délit :

CECI TUERA CELA...... (1)

(VICTOR HUGO. — *Notre Dame de Paris.*)

.... La question pourtant est bien simple ; les termes en sont réduits, et la solution semblait devoir venir plus tôt ; voyez :

Voici un état social où les finances sont gaspillées ; où la banqueroute menace ; où les ardeurs de la haute banque et les appétits de l'agiot deviennent le thermomètre des dépenses et des économies du budget ; où toutes les branches de l'industrie publique, chemins de fer, assurances, sont abandonnées à l'exploitation indécente d'une bande d'industriels et de publicains modernes ; où les fonctions et les honneurs sont prodigués aux mieux protégés et aux plus corrompus ; où le peuple ouvrier des villes, livré à la concurrence manufacturière et commerciale, sans appui et sans miséricorde, n'a d'autre alternative que l'exploitation avec la honte, ou le chômage avec la misère ; où le peuple travailleur des campagnes s'accroupit encore sur sa charrue, dans son champ maigre, hébété comme un serf antique, plus ignorant qu'un chanoine, et moins citoyen qu'un sujet de Monaco ; où le libertinage est partout, et le bien-être nulle part...... etc., etc.

Une révolution s'opère ; le but, apparemment, le but de cette révolution est de mettre de l'ordre dans les finances ; de régler les recettes et les dépenses selon les besoins sérieux de l'Etat et les facultés naturelles de la nation ; de faire disparaître les effrontés monopoles des compagnies ; de donner l'honneur et la fonction au plus digne et au plus capable ; d'organiser le travail de l'ouvrier ; de faire prospérer le champ du travailleur ; d'instruire le peuple ; de rendre enfin la nation digne d'un meilleur sort et capable de l'obtenir. — C'était là le but de la révolution, n'est-ce pas ? C'était là son but, car le lendemain de cette révolution le peuple sortait de la bataille, et le canon de son fusil n'était pas froid encore. — Le lendemain, la République fut proclamée à l'Hôtel-de-Ville ; or, la République est l'antipode de la monarchie ; on devait donc prendre le contre-pied des institutions monarchiques ; c'était donc là le but de la

____

(1) Cet écrit a été publié, dans la *Ruche de la Dordogne*, en deux parties, qui parurent, le premier dans le N° du 19 juin, le second dans le N° du 30 juin 1849. Ce n'est là, du reste, qu'un court chapitre détaché d'une œuvre plus longue, et à mes yeux plus importante, que j'ai l'intention de soumettre bientôt au jugement du public. (*Note de l'Auteur.*

révolution; mais l'ensemble de ces réformes n'était autre chose que du socialisme. Je l'ai dit et je le répète : sous cette expression de socialisme, se cache, avant tout, l'étude des différentes et nombreuses réformes qu'exige une situation donnée de la société. Au point de vue terre-à-terre, au point de vue pratique, politique, militant, d'actualité révolutionnaire, voire à tous les points de vue, le socialisme n'est pas autre chose que l'abréviation heureuse de ces deux mots : amélioration, réforme. — Donc, le but de la révolution et le moyen pour arriver à ce but, c'était le socialisme. Et le socialisme était là, ouvrant les mains et offrant son avoir : organisation du travail, systèmes de finances et d'impôts, réforme du crédit, réforme du commerce, instruction du peuple, amélioration de l'agriculture; droit de l'un, droit de l'autre, devoir de tous; il combinait, il développait avec précision, méthode, progression, tous les ressorts de la nouvelle machine politique. La démocratie sortait vivante de son laboratoire; le socialisme a été repoussé, et après avoir fait le corps on lui a refusé l'âme. Et pourquoi ? Ah ! pourquoi ? C'est là le difficile; un apologue, lecteur, passez-moi cette classique envie :

— Trois laitières cheminaient..... allant au marché, ou en venant (selon que vous voudrez), la cruche sur la tête et le poing sur la hanche. La première, de lait chargée, mais de lait non pas bon à boire; la seconde marchait le vase vide, bien vide, sonore et creux comme le cerveau d'un monarchien repu; la troisième avait la cruche pleine d'un lait bien pur, lait comme il faut, blanc, anhydre. La querelle s'anime entre les deux premières : la liqueur tombe et le sol s'en enivre; la troisième, en bonne compagne, offre de partager à celle qui déjà n'avait rien et qui était restée maîtresse des débris; la laitière refuse, et s'occupe à recueillir ce que la terre avait bu. — D'aucuns diront, bonnes gens, qu'elle était imbécile; d'autres, plus malicieux, s'en prendront à ma fable et la trouveront niaise; mon esprit, diront-ils, ressemble fort à la candeur du lait de la bonne laitière, innocent et fade, trop naturel et pas assez fardé.... Tout beau, fils de Voltaire, l'esprit ne fait rien à la chose; je tiens pour vrai mon apologue et m'inquiète médiocrement du fini des détails. Je dis et je soutiens que la République a renversé la monarchie et éparpillé sa besace; le socialisme, en bon frère, a offert son lot à la victoire, et la République a préféré aller pêcher dans l'eau trouble les horions salis de la prostituée qu'elle avait vaincue. Cela peut vous surprendre, mais cela est vrai.

C'est, en effet, un singulier spectacle que des hommes qui ont maudit, leur vie durant, la monarchie et ses privilèges; qui aspiraient hier, de toutes les forces de leur âme, au renversement de cette monarchie; qui aujourd'hui sont vainqueurs, et qui, le soir de la victoire, se mettent bel et bien en rut de monarchie, adorent les privilèges qu'ils viennent de détruire, et s'accommodent à merveille des infamies qui naguère les faisaient bondir de fureur. — Et qu'on ne vienne pas me dire que c'est là du verbiage, mots vides, chaleur froide, enthousiasme volé; je ne suis pas un larron en foire; je vous offre mes preuves et raisonne mon dire :

Qu'y a-t-il, s'il vous plaît, qu'y a-t-il de changé dans notre état social depuis que les Tuileries sont vides d'un vieillard et de sa dynastie? La France s'appelle République et le roi se nomme Président, voilà tout. Mais, d'ailleurs, les fonctions ne sont-elles pas encore à la curée des plus habiles et des plus corrompus? Si. Et ce n'est pas un des moindres scandales du temps, de voir les serviteurs du passé, vendus à la dévotion de deux rois, servir la République comme *Bertrand* servait son maître. — Les finances sont-elles dans un état meilleur, et l'impôt est-il mieux réparti? Non. Les finances sont plus délabrées que jamais, et de la meilleure répartition de l'impôt le laboureur en sait quelque chose. — Les chemins de fer ont-ils changé de maîtres? Les compagnies d'assurances sont-elles allées exercer leur métier dans la forêt de Bondy? Non, encore; l'assurance moins que jamais assure, et la locomotive fume toujours pour le même maître. — L'ouvrier est-il plus heureux? Son travail est-il garanti? Le capital l'exploite-t-il toujours? Allez sur les pontons, et l'ouvrier vous dira son chômage et sa liberté. — L'agriculture, au moins, est-elle prospère? L'hypothèque, sangsue de la propriété, est-elle modifiée? Le propriétaire peut-il emprunter à moins de frais? Les entraves sont-elles moins grandes? Le laboureur peut-il s'instruire? Les améliorations vont-elles venir? — Allez, allez dans les campagnes, vous verrez le petit propriétaire acculé, sans un écu vaillant, jusqu'à son dernier sac de blé; le laboureur ne trouvant pas un rouge liard pour payer son impôt et mener son enfant à l'école; l'instituteur affamé sur son banc de misère, et menacé de perdre ses ridicules appointements, parce que, au dire de certains, son école est un club déguisé, un foyer pestilentiel d'idées subversives qu'on voudrait bien éteindre..... Allez dans le château et dans le presbysère, vous verrez comme la République est bénie! Allez par toute la France, visitez le pauvre et le riche, le bourgeois et le prolétaire, écoutez cet accord de louanges réciproques, remarquez ce désir de fraternité, ces effusions d'amour, et si vous n'avez au service de votre foi une idée socialiste, vous me direz ensuite ce que vous voyez à l'horizon, et quel est l'avenir de la France!...... Avenir sombre, n'est-ce pas? Sang et ruines! Carnage affreux! Vous voyez les tristesses du chaos; mais regardez encore, et vous apercevrez les douleurs d'un enfantement sublime......

Eh! que vous importent, à vous comme à moi, les saturnales blasées de quelques hommes au cœur sec? Que vous importent l'incapacité des uns, la trahison des autres? La République ne peut mourir; elle serait déjà morte des blessures qu'on lui a faites. Elle ne peut mourir, vous dis-je, car tous les vents de l'Europe nous apportent sa naissance, tous les peuples se penchent pour admirer son berceau.

Mais enfin d'où vient donc le mal? La République ne périra pas, non; mais puisqu'elle doit être éternelle, il faut donc la bien employer. Et d'où vient alors à sa suite cette traînée de malheurs, de guerres et de discordes? Je sais bien qu'il en est aujourd'hui comme il y a deux siècles déjà, lorsque Oxenstiern disait à son jeune fils se rendant au congrès de Munster : «Allez, mon fils, vous verrez par quels hommes le monde est gouverné. » Je sais bien qu'il en est aujourd'hui comme il y a soixante ans, lorsque Mme Rolland ne voyait dans les affaires de son pays qu'une universelle médiocrité, et que le désespoir la poussait à croire à la pauvreté de son espèce ; je sais bien qu'il faut accuser l'incapacité et le mauvais-vouloir de nos gouvernants d'aujourd'hui. Mais ces hommes sont-ils seuls responsables des embarras de la nation ? Et n'y a-t-il pas ailleurs d'autres causes, causes profondes et plus sérieuses ?

Encore une fois, comment se fait-il que nous ayons la République sans le socialisme ?

La main sur la conscience, prêt à donner mes jours pour la République, s'il le fallait, et si le sacrifice d'une vulgaire existence lui était nécessaire, je déclare ici ma croyance :

— La Révolution est et doit être en permanence jusqu'au jour où l'immense majorité des citoyens aura reconnu ceci : — A savoir, que *tout homme est homme. et a, á ce titre, les mêmes droits et les mêmes devoirs qu'un autre homme*, — à savoir encore que *nous sommes tous fils de Dieu, et qu'il n'y a dans cette grande famille ni bâtards, ni déshérités.* Lorsque ce grand principe humanitaire (dont on peut changer la forme, mais non pas le fond) sera reconnu vrai, si on veut mettre en harmonie avec lui les institutions sociales, la société — *quidquid humanum est* — on aura chance de voir l'ère des révolutions se fermer d'elle-même. Les solutions ne seront pas encore trouvées, les problèmes ne seront pas tous résolus, le fait parfait ne sera pas d'accord avec l'idée parfaite ; mais, tout le monde y étant consent, l'idée étant universellement acceptée, le fait viendra de soi. En attendant, je le répète, la Révolution est à l'ordre du jour dans le monde. Entendez-vous, bourgeois et nobles ? Entendez-vous, pharisiens, prêtres et princes des prêtres ? Entends-tu, vieux monde ? ta mort viendra ; je la proclame ; vorwortz ! ! !

— A l'aide de ce principe, tiré de la nature des choses et du développement historique de l'humanité, on peut répondre aisément à la question posée plus haut.

La Révolution a commencé en 1789. Mais le problème fut alors mal posé ; malgré la grande voix de Luther, qu'ils écoutaient encore, malgré les écrits brûlants de J. J. Rousseau dont rayonnait leur intelligence, les révolutionnaires de cette époque se trompèrent de route, ou plutôt, leur travail fut incomplet, et devait l'être, puisque Rousseau lui-même, ayant oublié de conclure, ne put avoir pour successeurs que Babœuf et Buonarotti. Cette Révolution, à proprement parler, ne fut donc qu'un prologue ; le drame devait bientôt commencer.

Il ne commença pas cependant en 1830. Outre qu'à cette époque la question fut encore mal posée, la Révolution, faite par quelques *bourgeois*, fut escamotée par eux. — Il y avait eu, en 89, dans le mouvement révolutionnaire, deux éléments bien séparés, quoique voguant dans les mêmes eaux : la Bourgeoisie (ou le tiers-état), et le Peuple. Le Peuple ne resta pas longtemps sur le flot ; au 18 brumaire, la Bourgeoisie fut victorieuse avec Bonaparte et

Siéyès. Mue par un sentiment de vanité, stupide peut-être, mais naturel dans sa position, elle tendit la main à quelques nobles, pour faire accroire par-là qu'elle était *noble* elle-même ; elle en fut honnêtement et modérément récompensée en 1815. Vaincue alors, il lui fallait une vengeance ; elle l'obtint en 1830 ; tout cela était le côté burlesque du scenario, la comédie dans le drame. Entre temps, le Peuple, qui n'avait rien à voir dans cette lutte stérile, s'instruisait, s'initiait aux grandes pensées de St-Simon, Fourier, et de tant d'autres, qui avaient singulièrement modifié et agrandi le socialisme des accusés de Vendôme ; le Peuple préparait la tragédie ; 1848 est venu, et alors, nobles et bourgeois se sont ralliés ensemble pour combattre l'ennemi commun de leurs privilèges. Ainsi la question se simplifie ; la voilà réduite à deux termes : *Avenir et passé, luttant dans le présent sur le terrain neutre de la République.*

Mes paroles ici ont besoin d'être bien comprises ; je dis que la République est un terrain neutre ; je m'explique : Le débat, aujourd'hui, n'est pas et ne doit pas être entre des royalistes et des républicains ; ces mots sont du vieux monde ; tout cela est usé, et pourrait servir tout au plus pour des querelles de Bas-Empire. — Le débat existe entre le riche et le pauvre, l'heureux et le malheureux, l'aristocrate et le paria, le privilégié et le déshérité. — Réactionnaires, vous pouvez regimber ; démocrates, il ne faut pas avoir de fausses craintes : la question est là, elle n'est pas ailleurs. En 89, ce mot « Républicain » opposé à cet autre, « Royaliste », a bien pu vouloir dire et prouver quelque chose comme ceci : *tous les hommes sont intelligents.* — Alors, c'était très bien ; aujourd'hui, cela ne saurait nous suffire. Nous savons de reste qu'un roi peut être mollusque, et un prince crétin, à l'instar des derniers bourgeois et des premiers marquis ; nous savons que le prolétaire, dans son malheur, le paysan, dans son ignorance, ont l'un et l'autre, une intelligence souveraine ; et quoique la femme ne soit pas citoyenne, il est probable qu'un nouveau concile de Tours déclarerait à une plus forte majorité qu'autrefois, qu'elle a une âme et un cœur, et que la *cruelle* peut s'en servir. Ce n'est pas là la grande affaire. Il s'agit aujourd'hui de socialistes et d'aristocrates ; et ce mot « *socialiste* », opposé à cet autre, « *aristocrate* » a dit déjà, et doit prouver bientôt quelque chose comme ceci : *tous les hommes sont heureux.*

Le noble et le bourgeois, avec une impartialité qui les honore, ont bien voulu reconnaître au peuple autant d'intelligence qu'à eux-mêmes ; mais ils ne lui reconnaissent pas encore le droit au bonheur, et ne le prennent pas pour leur frère ! — Dans ce parti là, Seigneur, il y a des hommes qui se disent les représentants du Christ sur la terre ; pardonnez-leur, ils ne savent ce qu'ils disent, non plus que ce qu'ils font.

Voilà comment il se fait que nous avons la République sans le socialisme. Avenir et passé, — socialisme et aristocratie, — sont, à cette heure, sur le terrain du présent, de la République. Ennemis irréconciliables, ils tirent le char en sens inverse, et se disputent à qui pourra le traîner tout seul. — L'un ou l'autre, ils ne pourront être vainqueurs qu'en attirant à eux la majorité ;

mais la majorité ne s'acquiert que par la conviction ; et pour être convaincu, il faut *savoir*. Or, il semble que, par une mystérieuse fatalité, la Providence ait laissé aux révolutions le soin d'instruire les peuples. Tout cela est donc fatidique. La présente révolution, je l'espère, dans sa phase critique, dans sa phase de destruction, ne faillira pas à sa mission d'émancipation intellectuelle ; puis, quand nous serons entrés en phase synthétique, un jour, qui n'est pas loin, un jour, par les efforts réunis de tous les peuples, le char sortira du bourbier ; et alors, en plaine roulant, comme dit Paul-Louis, rien ne le pourra plus arrêter.

Amis, les rois s'en vont et les aristocrates aussi. Socialistes, nous avons la prétention de croire que le passé va s'engloutir sous la vague révolutionnaire, et rien bientôt ne surnagera de ses débris pour entraver la marche majestueuse de l'arche sainte qu'il plaira à la nation de se construire à elle-même. Arrière donc, fantôme du passé, ne venez plus troubler nos travaux ! Allez, si cela vous plaît, dans l'enfer du Dante, rire avec les damnés. Si la métempsycose est vraie, vous reviendrez, pauvres âmes, vous reviendrez un jour sur la terre avec le vague souvenir de votre passé ; votre cœur tressaillera sans doute de honte et de repentir ; mais Dieu et les hommes, vos frères, vous auront pardonné ; vous jouirez alors avec orgueil et paix des avantages et du bonheur que vous voudriez anéantir aujourd'hui dans leur germe.—Socialistes, nous voyons déjà la terre promise. Quand le soleil se lèvera demain, son premier rayon saluera notre premier succès. Amis, gloire à Dieu ! son règne va venir sur la terre !

Il est certain que le royalisme, le blanc, l'honnête et le modéré, baisse sur la place ; les actions sont bas cotées. Fils des preux, nobles rejetons du Parc-aux-Cerfs, croyez-moi, jetez là votre beau lys ; bourgeois très gros, cachez votre bedaine plus grosse encore ; vieux pourris du passé, prêtres de Baal, argousins et banquistes, pharisiens et publicains, petits athées, grands maraudeurs d'église..... ignoble et stupide cohorte du vieux monde, couvrez toutes vos plaies, lavez vos saletés ; — fabriquez avec le tout une drogue telle quelle, et l'enfermez dans la fiole de Joseph Balsamo ; — traitez ensuite à forfait avec l'empereur de Russie ; le dissolvant est bon, et le Cosaque pourra s'en servir. Eu égard à cette belle action, dont le résultat sera complexe (bonheur pour vous, cas heureux pour la démocratie future de l'Ukraine et des bords du Don), le peuple vous pardonnera, nous serons tous des frères, et le problème sera résolu....

Pour moi, je le déclare, la main sur le cœur, et sûr de ma conscience, je ne croirais pas en Dieu, si je ne croyais pas au triomphe prochain de la République démocratique et sociale.—Vive la République démocratique et sociale !

EERGIS REYNAUD-LESCURE.

15 juin 1849.

Périgueux, Imprimerie LAVERTUJON, place Daumesnil, n° 7.